U0500687

明
室
Lucida

照 亮 阅 读 的 人

お姫様とジェンダー
アニメで学ぶ男と女のジェンダー学入門

扔掉水晶鞋
从动画开始的性别学

[日]若桑绿 著　　董纾含 译

北京联合出版公司
Beijing United Publishing Co.,Ltd.

前　言

　　这本书，以我 2001 年到 2002 年于川村学园女子大学人类文化学部生活环境学科教授性别学时使用的讲义为基础，撰写而成。

　　虽然大家对性别这个词已经比较熟悉了，但是我在进行高校访问的时候，还是常听到有人问"性别是什么啊？""性别有什么用啊？"。大家虽然知道有性别这么一个词，但大多数人并不知道它的含义是什么。这实在是件很可惜的事。我发自内心地认为，倘若要立足未来，那么所有人都应该了解它的含义。但是，眼下市面上论述性别的书写得都很难，涉及太多专业知识。于是我想，既然如此，那就让我这样一个为刚刚走出高中校园的女大学生上课的人，来教授一门独

i

创的性别学入门课程好了。

我这门课的结构很简单，就是观看以公主故事为主题的迪士尼动画电影，然后老师和学生双方陈述意见。以公主故事为主题的动画大家都看过，所以，我也很期待这本书能让读者轻松愉快地了解性别。那些和我一样在给女大学生教授性别知识的同行们，教授中学女生的老师们，高中生们，对性别问题感兴趣的社会人士以及主妇们，甚至对此并不怎么感兴趣的人们，我希望大家都来读读这本书。还有，最后的最后，希望那些"想搞懂现在的女大学生究竟在想些什么"的"叔叔们"，也一定要读读它。

目 录

第一章

应该如何在女子大学教授性别学

所谓性别，就是潜藏于社会、文化、心理的各个层面的一些思考及感受事物的方法、行动方式、价值标准，以及从中搭建起来的习惯、制度、法律。所以，如果要教授性别学，那么研究经济学的专家就要谈及经济中的女性问题（在日本，有成就卓越的学者大泽真理[1]女士），研究社会学的专家则会谈及社会各个领域中的女性问题（如著名的上野千鹤子[2]女士）。而像

1　大泽真理（1953— ），日本经济学家，东京大学名誉教授，代表作有《超越企业中心社会：以"性别"分析现代日本》《打造男女共同参与的社会》等，获第十三届山川菊荣奖。——本书注释均为译者注

2　上野千鹤子（1948— ），日本社会学家，东京大学名誉教授，代表作有《厌女》《从零开始的女性主义》《父权制与资本主义》等，入选《时代周刊》2024年百大人物。

我这类研究文化及其表征的人，则会谈及文化及其表征中涉及女性的部分。此外，在全世界的政治、法律、心理学、医学、科学、历史学、教育学等领域的专家中，也不乏研究性别的学者。也就是说，性别学称得上是横跨了极为广泛的领域的一种思想。换句话说，我们可以认为它是一门关于"事物看法"的学科，其本身并不是一个孤立存在的"学科领域"。这或许也是它不太容易被理解的原因之一吧。

在日本，关于性别这一学科的教育工作才算刚刚起步。眼下，在日本的大学，尤其是在女子大学教书的老师们正如火如荼地讨论这一学科的方法论，记录相关实践，出版相关图书。

本学科已出版的主要图书有：日本性别学会编《性别学指南》（富士谷敦子、伊藤公雄监修，世界思想社，2000），木村凉子《学校文化和性别》（劲草书房，1999），小川真知子、森阳子《实践性别自由教育——将女性主义带入校园》（明石书店，1998），渡边和子、金谷千慧子、女性学教育网站《女性学教育的挑战——理论和实践》（明石书店，2000），等等。此外，还有一些我尚未读过或者未被列举在以上书目中的图书，其中很多虽然和教育并不直接相关，但同样也提供了知识。不过，请允许我稍稍自夸两句，通过和学生的实际接触，以一个具体的主题将讲义记录成册，这本书是首开先河。

什么是性别？

在讲义开头，我想还是有必要简单解释一下"什么是性别"。我们人类是通过雌雄异体的性活动来实现生殖的，从生殖功能看，人类存在解剖学意义上的雄性、雌性两种类型。这种因生理学层面的不同而产生的雄性和雌性，属于与生俱来的"性别/sex"，被称为"生物学上的性别差异"。

然而，在数万年的变迁中，人类发展出了和其他动物不同的高度发达的文明和文化。而且在动物性的性别差异之上，还建构了文化、社会、政治，乃至心理学方面的性别差异。这被称为 gender，和 sex 是不同的。

女性是可以孕育新生命的生物体，单从这一点看，女性就和男性有所不同。但社会、文化依据这种不同，得出了例如"女人的存在就是为了生孩子、养孩子""因为要育儿，所以女人必须留在家中，这是女人的义务"，或者"母性就是女人存在的理由，是女人的本能"等论调，更有甚者，某城市的知事[1]还扬言"生了孩子的婆娘活着已经没有意义了"。

也就是说，因为拥有可以生孩子的身体功能，女性就被决定了只能围着生孩子、养孩子、做家务转，被圈进了家庭这样一个"私有领域"中。之所以用"圈进"这样的表达，是因为社会并不是直接在女性脖子上套了绳子，把她们绑走，而是"圈起来"，让她们只能向某个特定的方向前进，并且还要加以诱导，让她们不停地向着决定好的方向前进。比如，倘若没有为女性的自力更生提供合理的职场环境和切实的工作条件，那女性就只能去结婚，因为那样显然更轻松。抑或是从教育、文化、媒体等方面不断重复"要嫁出去啊""结婚很棒的""生不了孩子的女人很不幸"的观念，让女性觉得，只有结婚生育才是获得幸福的唯

---

1 日本将行政区划分为"都道府县"四类，知事指"县"的行政长官。

一方法。于是她们就高高兴兴地奔着那个方向去了。
以上这些在女性无意识的情况下反复灌输给她们的肉眼看不见的社会教育，被称为"印记"[1]。

又或者，对女性灌输以下这种认识：

在家庭中，女性就该为丈夫、孩子、公婆奉献，这是她们的工作。至于打磨才能、充实学识、努力工作等方面所需的力量和智慧，这些都没什么必要有，有了的话会很可怜。因为这样的女性"很没有女性气质"。女性为了讨他人喜欢，要把自己打扮得既漂亮又温柔，然后嫁个好人家，给男人生孩子，做一个温柔的好妈妈。只有这样才算"正确"。为此，女性和男性被要求，甚至被强制要求必须拥有"女性气质"和"男性气质"。如果想要发挥个性，也就是属于自己的特性，那么这些特性很难在不违反我们各自的性别"气质"的情况下发挥出来。

于是，类似上文提到的"男性气质""女性气质"这一类"以性别为基础的固定观念"，以及在这类固

1　imprinting，生物学名词，指一种不可逆的学习模式：在较短的、由基因决定的时期里，环境的刺激会被长久植入个体的行为中，看起来就好像是先天习得的。

定观念和生物学功能的差异之上建立起来的"性别角色分工"得以成形。此外,还形成了以这些观念为基础,或是对此类观念进行补充的,将"男性就是社会、家庭、企业、团体的中心,女性只能待在边缘"的想法视作理所当然的男性中心主义概念、习惯、法律、制度和文化。这就是作为"社会、文化的性别差异"的gender。总结一下就是:生物学上的性别差异,被称为 sex,而源自社会、文化等方面的性别差异,被称为 gender。

gender 有着极其漫长的历史,而且十分复杂,架构规模庞大。我们所有人都浸淫生活在其中。所以,它的存在就好像是人类一种极为自然的、宿命般的生存方式。实际上,在一些西欧国家,从中世纪起就已经有很多女性开始对这种架构感到苦恼,认为身处其中无法充分发挥自己的才能,无法贯彻自己的生活方式。并且,她们开始质疑这种架构是否真如宿命般无法撼动,走上抵抗这种命运的道路。早期的女性主义出现于 14 世纪,它将质疑与反抗"发扬光大"。在美术史领域也出现了同样的风潮,而正是这股风潮"发掘"出了一大批古代和中世纪的女性艺术家。对这段历史感兴趣的朋友，可以去读一读我写的《女性画家列传》（岩波新书，1985）。

然而，那时候女性发出的声音还太过微小。当时还是封建社会，封建制度则是建立在阶级差异之上。欧洲的天主教和日本的佛教，都在以宗教的名义传播女性是"罪孽深重的性别"的观念。歧视女性的观念可谓根深蒂固，女性的声音往往惨遭埋没。在任何宗教中，教主、最高的神、地位最高的宗教学家全都是男性，从中我们不难明白：这些宗教全都是以男性为中心的。

而当女性提出异议，认为这是不合理的，这种质疑声传遍全世界，变成巨大的悲鸣声，变成一种思想、一场政治运动，得到了全世界的认同时，时间已经来到了20世纪下半叶。这种认同的前提，是阶级歧视、种族歧视被废弃，全人类拥有普遍的平等、个人的尊严和自由的权利等思想的普及。在20世纪，我们从法律层面废除了阶级歧视和种族歧视。每个人生来平等，所有人都应该拒绝歧视的观念已经被普遍接受。

同样，是男是女，这也是每个人与生俱来的特性，并不是通过什么考试成绩划分出来的，所以，女性歧视就和阶级歧视、种族歧视甚至年龄歧视一样必须被消除，这是我们全人类的一大课题。废除女性歧视的社会结构这一倡议在全世界范围内获得认同，具体来说，是在 1979 年第三十四届联合国大会上通过了《消除对妇女一切形式歧视公约》(无反对票，日本也投了赞成票，11 票弃权)。自此以后，以各发达国家为中心，世界各国开始不断颁布新的法律，采取新的措施，消除这最后的歧视。

20 世纪，人类不但开始了宇宙探索，掀起了信息革命浪潮，推动了各种技术革命发展；20 世纪，还是人类着手消除自己最后的歧视——性别歧视，具有划时代意义的一个世纪。但是反过来想，人类修正这种歧视竟然要费这么大力气，究竟是为什么？

什么是父权制？

据我所知，父权制结构已经存在了超过数千年。它最终让整个世界变成了一边倒的"男性优位"世界。

为什么我会知道是"数千年"呢？因为学者们认为造成了性别问题的社会就是父权制社会，而这种社会是在农耕畜牧繁盛、"财产、土地"开始私有化时确立起来的。与此同时，"家庭"这种组织以及"国家"这种制度也开始确立。

也就是说，在原始的狩猎采集时代，不存在土地私有，人们没有财产，家庭、国家尚未形成。能确认的孩子的亲人只有母亲，人类基本处于母系社会，信仰的是象征丰饶多产的大地之母。后来人类社会又经历了一系列变迁，出现了土地私有，积累了个人财富。体力更强的男性发动战争，掌握了支配权，创立了支配与被支配关系的社会和文化。在这个过程中，女性的生殖功能和生产力为男性所有，女性从属于某个特定的男性，被圈入家庭，为这名男性生育继承人。而基于道德、宗教、文化等的性别结构之所以被创造出来，就是为这种社会秩序提供理论依据，并帮助其永恒存续下去。

我想在此介绍恩格斯的《家庭、私有制和国家的起源》（户原四郎译，岩波文库，1965）一书中的著名论述：

在人类漫长的原始社会时期，能够孕育生命的女性作为部族的中心备受尊重。而当私有制及国家等权力组织出现后，生产"财产"，也就是进行物质生产的男性则在地位上超过了孕育生命的女性。女性的生产力沦为了男性的私有财产。

就此，恩格斯认为：母权制被推翻，乃是"女性的具有世界历史意义的失败"。

原始社会更加尊崇生命的生产（我们将其称为"再生产"），认为其高于物质生产。然而，进入由私有制和国家组建的更高级的社会后，情况发生了逆转。物质生产超越了生命的生产，跃居高位。男性将女性据为私有，要求女性为其生育后代，并由后代继承自己的财产。其他的一些男女（即阶级社会中的奴隶）则成为劳动力。这些劳动力同样也是属于男性的财产。如今虽已进入资本主义社会，物质生产仍旧优于再生产，生产物质的男性依然管理、支配着生产生命的女性。然而在现代，这种情况必然会导致人口数量不断减少。一个社会倘若不尊重孕育生命的性别，那么生命的数量必然不会再增长。这也是这一社会体系陷入疲软的证据。

话虽如此，但这并不意味着我们应该直接回到原始社会。历史是不可逆的，与其寻求倒退，不如赋予再生产（生命的生产）和物质生产相同的价值，给它们画上等号。而且，过去那种"再生产=女性独有的职责""物质生产=男性独有的职责"一类的死板划分早已无效了。因为孩子本就不是单靠母亲生下的，父亲同样不可或缺。所以，抚养孩子的责任需要男女共同承担。在文明高度发达的今天，女性生育的儿童数量减少了，一部分家务可以由相关产业分担，育儿和家务就不足以填满一名女性漫长的人生了。女性自身也希望能将自己的意志与才能投入社会生产之中，去创造文化。也就是说，女性们开始追求平等了。所以，我们现在所描绘的理想社会，应该是一个平等尊重生命的生产和物质生产的社会，是同时由男女双方共同分担的社会。

讲述人类跨越数千年的历史，本应该是考古学家、人类学家、文化人类学家的工作。然而，为了让大家明白性别的存在既非"自然"也非"宿命"，就必须回顾人类的历史。西方很多学者发表和出版了不少优秀的论文和图书，不过我建议大家去读一下我写的《作为象征的女性像——从性别史的视角观察父权制社会中的女性表征》（筑摩书房，2000）中的第一章《女神的没落》，并了解一下这一章引用的参考文献，这能帮助大家快速了解来龙去脉。如果想要充分了解父权制，我建议大家去读一读上野千鹤子女士的《父权制与资本主义——在马克思主义女性主义视域下》（岩波书店，1990），这能让大家快速了解这一主题。

同样的主题，在美术史、考古学、文学及宗教学课程中教授性别相关的内容时也一样会被提及。比如，讲到对旧石器时代遍布亚欧大陆的怀孕女性土偶的研究；克里特岛上女王祭祀的历史；古希腊悲剧中对母亲的尊重逐渐转移到父亲身上，其中的变化过程；印度及非洲数个部落的女神崇拜（迄今依旧残存）和相关的女神神话，等等。中世纪历史中关于围猎女巫的那段历史很受学生欢迎，对那段历史的了解能帮助大家认识到，那是一种对女性的偏见与歧视进入狂热状态的集团行为。同时，也能让一些对历史没什么兴趣的学生产生感同身受的认识。

以我个人的教学经验来说，就算是在第一学年刚开始，也应该让女学生们对这种比较宏观的架构（体系）的说明产生兴趣，让大家明白学问就是打破常识，学习一种新的思考方式，并为汲取这些新知感到喜悦。不过，要求学生一上来就把满是专业词汇的大厚书读完，还为时尚早。所以应该由老师们将教学内容整理成资料分发给学生，用自己的语言把这些专业词汇解释清楚，否则学生很容易丧失兴趣。我所在的大学，要求学生阅读学术书籍并撰写内容摘要的做法从第三年的课程才开始有。当然，学生的能力参差不齐。

那么，关于父权制，我们可以将它描述成一个在社会各个结构和家庭中，由男性掌握核心权力的社会，一个地位、财产、姓氏、祭祀（礼拜祖先和宗教）等均由男性传承的社会，其中女性和儿童的地位均位于男性之下，处于社会的边缘。这种情况的出现，并非源自男女两性自然的能力差距。因为从个人角度看，有的是拥有卓越智慧和体能的女性。而制度、习惯、思想、道德则必须塑造出我在前文提到的所谓"女性的职责和性格"。以上种种，都在努力将女性圈在生殖和私人领域内，也就是说，按照性别维持着整个社会的秩序。

然而，这种不自然、不平等的结构，逐渐无法跟上文明前进的脚步，由此爆发了诸多矛盾，令社会陷入凋敝状态。男性在拼命保护自身的专权专断的同时也逐渐产生破绽。在一个国家中，一半的国民生来就是另一半国民的仆人或助手，国家无法保证她们有尊严地自由生活的权利，那么这个国家的国民产生的能量自然也就只有一半。如果在家庭中，只有男性掌握经济大权，支配所有家人，那么这个家庭中的成员们也将不再拥有平等的权利和义务。如果一名女性在成长的过程中亲眼看到自己的母亲处于受父亲支配的地位，那么在她心里，拥有家庭、生育子女就等同于放弃了自己的自由和尊严。这必然会导致再生产（生命的生产）减退，人口减少，女性丧失希望和独立性。由失去了这些的女性养大的孩子，他们的内心必然是萎缩的、荒芜的，全人类最终将对未来的幸福和发展丧失一切信心。

我说的这些并非毫无凭证的空谈。2002 年 9 月，我从意大利坐飞机回日本，邻座是一名挪威男性，似乎是负责捕鱼使用的某种管道的技术人员。我问他"你们国家的经济状况如何？"，他回答"太好了，简直好过头了"。于是我又问"怎么会有好过头了这种想法呢？"，他回答"哎呀，因为我担心再这么下去，年轻人可能会变得奢侈懒惰啊"。"你们国家的人口减少了吗？""没有，人口增多了。"他说着，面带不满，"毕竟是男人照顾小孩，女人在工作嘛。"

回国后，我在新潟县立短期大学查到了挪威劳动监察局顾问、欧盟男女机会均等咨询委员会挪威代表、男女平等监察官米勒的演讲内容，了解到那个挪威人所说的确属实。在男女平等方面挪威属于发达国家，推出了不少合理的政策。在挪威，70%的女性就业，可以经济独立。根据法律，挪威的夫妻各自维持自己的姓氏。挪威人有一整年的带薪育儿假，其中父亲有四个星期的育儿假，孩子生病时，父母双方均可申请十天的带薪休假。很多议员和部长就是正在养育年幼子女的女性，国家也会支持女性按照自己的意愿去活动。所以，挪威的出生率才会呈现上升趋势。家庭中的男性和女性都在工作，整个家庭的收入增加，国家的税收也随之增加。税收增加使得福利更为充实完备，国民不会对未来感到不安，就能放心地生育子女了。

如果一个国家一半的人口，也就是其中所有女性都遭到压制，身陷不幸，那这个国家的未来将不复存在。在我看来，如此状况下，自暴自弃的女性越来越多，也实属正常。没有责任和尊严，那就只能自暴自弃。唯一还能活跃的，只剩下那些从女性集团中脱颖而出，想要和男性平起平坐的精英女性。

　　内阁府男女共同参与社会局的统计显示，1998 年挪威的生育率是 1.9，虽然不及美国的 2.06（美国生育率较高主要是因为移民的增加），但在发达国家中属于靠前的。再看日本，1999 年是 1.34，2000 年是 1.36。内阁府的统计也显示，女性（25 岁到 34 岁）劳动力比例高的国家，生育率也相对更高。从制定少子化对策的角度看，国家也必须颁布政策，支援同时承担工作和育儿的国民。根据分析，生育率下降的原因是未婚人数的增加，以及结婚年龄提高。其中一大原因在于，女性对结婚和育儿不再抱有任何期待与希望。或许其中一些女性目睹了自己母亲的一生，发现母亲把时间全部花在育儿和家务上，完全没有为自己活过之后，对母亲感到失望，所以才不再选择生育。

　　接下来，我们应该致力于创造一个男女"共生"

的社会，一个无论是在社会还是家庭中，男女双方都处于主体地位、对等付出的社会。

这种建立于生殖功能差异上的、虚构的文化、社会差异，也就是我们说的性别，它存在了数千年，在进入 21 世纪时开始逐渐崩塌。这场革命规模之大，就连法国大革命也远无法与之相提并论。近代社会承认全人类生来拥有平等的权利。全人类都拥有凭借自由的意志建构自己人生的权利。与此同时，一切的权利都伴随着责任。在这个社会，男性和女性平等地分担责任，女性也必须明确了解自己所应负的责任，绝不能自暴自弃。女性一定要振奋起来，我们每个人，都要尊重女性、爱护女性，要承担起责任，要贯彻我们每个人的尊严。

男女共同参与社会的意义

要让学生明白我以上说的内容既不是在做什么夸张的宣传，也不是在说梦话，就必须把现在被日本政府列为重点推进政策的《男女共同参与社会基本法》

的相关内容告诉学生。2002 年 11 月 30 日，千叶县我孙子市举办了男女共同参与社会宣言城市纪念仪式。出席该仪式的内阁府参事官提到，福田官房长官[1]也曾表示"实现男女平等，是 21 世纪日本最重要的课题之一"。随即该内阁府参事官又说，我孙子市会为工作的母亲提供幼儿保育和学童保育服务，并为一些已经结束了育儿工作、有相应能力的壮年女性提供再就业岗位。我孙子市市长表示，一个再就业岗位就有多达 700 人应聘。可见，有多少女性是有能力、有意愿投身工作，却为了育儿和家务强忍着没能踏入社会的。

放眼全世界，1979 年第三十四届联合国大会上通过了《消除对妇女一切形式歧视公约》，日本也赞成该公约。自 1983 年该公约获批起，至 2000 年联合国特别会议发表《2000 年妇女：二十一世纪两性平等、发展与和平》倡议为止，众多相关宣言和条约出台。日本于 1999 年 6 月 23 日公布并开始实施《男女共同参与社会基本法》。该基本法举出为实现男女共同参

1　指福田康夫（1936—），2000 年到 2004 年任日本内阁府官房长官。

与社会的目标，需要有哪五大关键（基本理念）；确立了行政（国家及地方公共团体）和国民各自必须承担的角色（职责任务、基本的施行计划）。基本理念——《男女共同参与社会基本法》的五大关键如下：

1.尊重男女公民的人权

尊重男性与女性的个人尊严。消除男女之间的性别歧视，在"男性"或"女性"之前，首先应保证我们作为一个"人"去发挥自身能力的机会。

2.关注男女平等的社会体制和实践

不要再有固定的性别角色分工意识，为了能让男性和女性可以平等进行各种活动，我们应重新审视现存的社会制度和习惯。

3.男女共同参与各项政策的规划和制定

应将男女视作社会中对等的伙伴，共同参与各项方针的制定。

4. 在家庭生活和其他各项活动中男女和谐相容

男女双方都是家庭的一部分，应该共同合作。社会应提供相应的支援，以保证大家既能承担起家庭中的责任，同时还能去工作、学习、开展地域活动。

5. 和国际社会协调

为了建立一个可以让男女共同参与的社会，我们就必须努力和国际社会一起前进。我们应该和其他各个国家、国际机构相互合作，共同进步。

多棒的内容啊！如果这些真能实现就好了。

这还是第一次，女性主义者们（认为应该消除性别导致的男女歧视的人，不限于女性）长久以来的主张成为国家的方针政策。讲到这里，我想大家应该可以理解，为什么所有人都需要学习性别知识了吧？

虽然迟到了太久太久，但对那些从20世纪70年代起就为了活出自己，为了创造一个自由平等的社会而艰苦战斗的女性来说，期盼许久的性别结构的解体，已经在联合国及国家层面，以国际标准推行下去了。

接下来，我们每一名从事教育工作的男性女性，都应该将这种思想渗透给学生们。毕竟，日本政府已经批准了《男女共同参与社会基本法》。倘若国家没有实施该条约，就必将落后于世界标准。

性别和文化的关联

从专业看，《男女共同参与社会基本法》和相关实践的问题，以及雇佣、劳动现场发生的相关问题，应该由政治学、社会学、经济学领域的专家进行详细教授。川村学园女子大学设立了性别社会论这一科目，由研究劳动社会学的柚木理子女士负责教学内容。从比较理想的角度来说，性别作为前文提到的一种"社会、文化的性别差异"，应该由性别社会论和性别文化论两门学科联手打造出更为专业的授课内容。在这方面，我所在的大学做得还是很不错的。此外，再生产的相关权利问题，以及女性的性，则由专攻教育学的内海崎贵子女士负责。眼下虽然学部是各自分开的，但 2004 年大学院成立后，各位老师就可以共同分担性别相关的教学工作了。此外，在文学、宗教学领域涉及性别研究的教师也聚集起来，成立了第二专业，近乎创立了一个女性学研究中心。

不过，性别的存在就如同富士山，它属于一种交叉学科，所涉及的领域极广，包含一些已经存在的学科。就好像无论从哪条登山路都能爬到山顶，爬到山顶，就能纵观这一学科的全貌。单靠一名老师是无法承担教学任务的，需要由很多老师共同分担教学内容。眼下所有准备将性别研究纳入常规教学计划的大学都是这样的思路。

跨学科和交叉学科在大学中早已普遍存在，如果只有一名教授性别学的老师，就算再辛苦，他也应该在教学过程中将社会问题和文化问题均等地教授给学生们。这是因为，无论相关制度和法律如何完备，想要从性别内部重新架构，就需要刷新每个人内在的意识和认知。就算表面上政府在积极推进男女共同参与社会的方针政策，可是仍有不少男性心里想的是："时代变了，现在女人都能逞威风了啊。女人不是只要傻乎乎地把自己打扮得漂漂亮亮的就够了吗？"而正是他们之前接受的文化教育，创造了如此的内在意识和心理。如果不谈及这些问题，那么所谓的"国际标准"将永远只是空中楼阁。

如果教师数量充足，那么在性别文化论这一领域，文化中的性别问题会尤其受到关注。所以，最好能让文学、美术史、表征文化、电影、媒体论（该学科可与社会学交叉）等学科的专家和性别文化论有所关联。那么，在推进对性别的理解上，该领域起到了什么样的作用呢？社会学出身、在家庭和国家问题上都有广泛研究的大阪大学大学院副教授——牟田和惠老师做了相关阐述，全文如下：

女性气质的神话和灰姑娘情结

随着《男女共同参与社会基本法》（1999 年 6 月）的制定，国家及自治体开始埋头着手基本计划的制定和行动方案的筹划。其中的一个关键词，就是"性别自由（gender free）的社会"。由此，"性别"一词也逐渐开始被大众熟知。

"性别"一般被定义为"社会、心理上的性别差异"，是一个相对于生物学上的"性别差异"而存在的词。具体体现在类似"男人生而为工作，女人生而为家庭"，按男女的性别去分配固定分工等方面；又或是和针对女性形成的一些具有歧视倾向的社会制度或机制相关［比如国会议员等有政治代表性的"性别差距"（gender-gap）］。然而，性别却不只是和分工规范、一些明显的歧视现象有关，它还是一种潜藏在深层的，甚至是无意识的观念，不单是女性，在男性中也一样根深蒂固。

比如，我们的社会中存在性别期望德目[1]这样一种东西。它指的是父母对自己的孩子抱有"孩子按何种方式去成长"或"孩子能变成什么样的人"等期望。在日本，家长们通常希望男孩能成长为可靠且有责任感的人，希望女孩能成长为懂事又体贴的人。不论是责任感，还是体贴，都是孩子们生而为人被期望拥有的特质，即德目。但是，为什么对女孩和对男孩的期望并不相同呢？

"体贴""懂事"，这些词语的性质都是积极的，但是被放到女孩或女性身上时，它们却和"宽

---

1 将道德内容分为细目的名称，如仁、义、忠、孝等，自古以来被视为道德的基本标准。

容""有心胸"等词语有着微妙的不同。也就是说，在面对他人时，在最终需要面对丈夫及家人时，相比自身需求，女性应该优先满足丈夫及家人的需求，选择一条自我牺牲的道路，这是"体贴"。压抑自己的想法和意愿，选择顺从他人，这是"懂事"。虽然为了完成工作目标，责任感和可靠必不可少，但对女孩来说，她们应该优先完成他人的愿望，而不是自己的目标。也就是说，父母希望她们能谨慎而保守，一心奉献和服务他人。可以说，在"体贴""懂事"等"期望"中，正隐含着束缚女性的规范。

科莉特·道林[1] 将以上这种有意无意对女性施加的束缚出色地总结为"灰姑娘情结"（科莉特·道林，《灰姑娘情结》，三笠文库）。《灰姑娘》讲述了身陷不幸的灰姑娘和王子一见钟情，被迎娶为王妃，结局皆大欢喜的故事。这个故事十分经典，长久以来备受女孩们喜爱。人们从没觉得这个故事有什么不对劲。可是，道林却提出了这样一个

---

1 科莉特·道林（Colette Dowling，1938— ），美国作家。

疑问：为了抓住属于自己的幸福，灰姑娘究竟做了什么努力？她没有做错任何事，却被继母和她的女儿们当成仆人一样使唤。遭受如此不合理的对待，她却连一丝要从这种境遇中脱身的迹象都没有显现出来。简单来说，就是选择了"懂事"地咬牙忍耐这种不合理的对待。在这一过程中，她靠魔法师的帮助，获得了去城堡参加舞会的机会，王子也对她一见钟情了。可是到了这一步，灰姑娘仍旧没有把握住这个"可以从悲惨境遇中脱身的好机会"，下决心去接触王子。而且，机会难得送上门来，她却仍旧为了遵守和魔法师的约定，在舞会中途离开城堡回去了。甚至，后来王子大张旗鼓满城找她，她依然没有站出来承认"我就是你找的那个人"，而是一直坚持等到水晶鞋摆在自己面前。

也就是说，在《灰姑娘》这个故事里，女孩为自己的幸福可以不用做任何努力，只要乖乖"懂事"、听别人的话（而且，只要容貌漂亮），就会有人——骑着白马的王子——来给她幸福。不只是《灰姑娘》采用了这种故事模型，在给女孩们读的童话中这属于一个通用结构。而与之相对的，给男孩们读的大多是类似桃太郎前往鬼之岛讨伐恶鬼的故事。简单来说，就是靠自己主动采取某种行动，随后战胜苦难，获得成功。

道林指出，正如《灰姑娘》中十分典型的表现，女性往往会有将自身的幸福和人生方向委于他人的倾向。而这种心理倾向，就是"灰姑娘情结"。道林认为，在这种情结下，女性就算遇到机会，也会恐惧用自己的双手、通过自己的努力去抓住它。她们往往会有"对成功心怀不安"的倾向。

这一类的性别规范从外部就将我们束缚住，同时也对我们的内在造成了很深的影响。关注性别能让我们发现，即便是在公开的层面做到了平等，可这种内在的束缚仍旧没有消失；也能让我们发现这种束缚正凌驾于公开层面之上，阻挡着现实的变化；同时，还能帮助我们对这种束缚发起挑战。

男性解放运动

女性主义和女性学对"女性气质"的神话提

出质疑，从性别意识的角度再次审视社会的制度、习惯、思想等。而在推进质疑和审视的过程中，大家也自然而然注意到了男性被压抑的个性和被迫承受的束缚。正如我前文提到的，社会要求男性统统要有责任感并且可靠，而丝毫不关心一个人的个性。也就是说，社会剥夺了每一名男性去自由生活和选择的可能性。这就和不管能力、个人想法，只要她是"女性"，那么她在社会中活跃的机会就必然会被剥夺是一样的。男性也受到了压迫。在以男性为中心的社会结构中，男性在各种场合下的地位都要优于女性。话虽如此，我们却不能说每一个具体的男性都因为性别"赚到"了。可以说，男性也同样受困于"男性气质"的束缚，和女性有着同样的苦恼。所以，男性们也就此发动了男性解放运动（men's liberation）。

可以说，进入现代，男女平等的观念得到确认，女性开始进入社会后，从某种意义上说，男性甚至面临了一种双重的"不利"。对男性来说，"男女平等"很容易被看作既得权利的丧失。因为无论是升学还是职场，在此之前一直都是属于"男人的世界"。如今女人也参与进来了。这就意味着争夺资源的对手翻了倍。更何况，不只是家庭，男人在职场上的辅佐者，在背后起支撑作用的"仆人"也将消失。所以很多男性无法接受这种变化也并不意外。

现代性别的规范从某种意义上说对男性依旧不宽容，但在某些方面，对女性的宽容度较以往却逐渐提高。比如，我们来看看大学生就业的问题吧。很多女生是在大学求职期间才觉察到，一旦开始找工作，此前并没有太在意的女性歧视问题就突然冒了出来，这也让她们第一次感受到，女性歧视问题在社会中早已存在且难以撼动。正如我前文提到的，女性歧视问题就潜伏在家庭和学校中。不过，无论是家庭还是学校，乍看似乎都非常珍视女性，在这两种环境中，她们很少因为性别直接遭受太大的损失。然而，一旦开始求职，女大学生们就会吃惊地发现，她们竟然仅仅因为"是女性"就被排除在外，或是受到和同级的男生明显不同的对待。

从这个角度看，职业领域中的性别规范对女

性仍旧十分严苛。可反之，和那些毕业之后一旦没找到稳定工作、没过上白领的生活，就会直接被打上"落伍者"烙印的男学生相比，女孩们的人生选择反倒更多些。既可以成为职场女性，和男性一同闯进企业社会中（当然，这条路并不好走），也可以寻一个暂时的职位先"凑合"，趁着还年轻，旅行，或者专注个人兴趣。如果父母在经济方面比较充裕，还能以"给家里帮忙"为由，享受优雅的"高等游民"生活。

20世纪80年代下半叶以来，女白领们出国留学的比例急剧增加。之所以出现这种情况，一方面是因为女性在当下的日本企业社会中没有什么容身之地，但同时也意味着女性拥有了能够自由探索自身可能性的机会。相较之下，男性从读小学起就被不断激励，未来一定要寻得一个安定的职业，也就是说，一定要拥有可以供养妻子儿女的经济实力。他们是无法趁年轻去做什么"冒险"的，只能在规定好的轨道上努力奔跑。实在是太悲惨了。

因为以上这双重的"不利"，所以男性才会觉得现在的女性都太任性了。他们会如此抵触也不难理解。然而，男女平等的趋势和寻求实现个人自由的趋势是很难被抑制，并且也无法被抑制的。如此看来，男性与其固守旧有的体系，扯女性的后腿，不如为自身的自由考虑，努力去改变陈旧的社会，这才是上策。不能因为是男性，就单方面地承担整个家庭的经济责任。男性完全可以要求妻子和自己共同承担这方面的责任。而且，男性一样有脱离社会圈子、在家庭或地方生活，并为此感到快乐的权利。因此，男性也有必要参与进来，和女性一起去创造一个将以上的愿望变成现实的社会。

从性别的角度思考现代社会的意义

当我们谈论现代社会的时候，性别的视角有着十分重要的意义。男女平等地参与社会、参与家庭、分担责任——实现男女共同参与社会，已经是国际惯例了。实际上，1979 年联合国大会上通过的《消除对妇女一切形式歧视公约》，超越了"男女各有其固定的性别分工"的意识，在家庭内也倡导要男女共同参与。可以说，这份公约的内容具有划时代的意义。而日本也肩负着实现该公约的义务（我在开头提到的《男女共同参与社会基本法》就是达到这一目的的一环）。而且，我们不应该把它看作"因为是条约所以不得不遵守"的消极存在，而是应该通过它，让男性和女性都更有尊严，活出更自由的人生。眼下，我们迎来老龄化社会、低增长社会，正在摸索整个社会结构的飞跃性变化。所以，践行这一公约的必要性便显得愈发明确。（参见：牟田和惠：《新たな社会システムをめざして》，満田久義・青木康容編《社会学への誘い》，朝日新聞社，1999，第134—140页）

社会学出身的牟田和惠女士认为，作为根源性的教育，将人们内心中潜伏的性别观念抹除掉是刻不容缓的任务。我想，这也正是性别文化论这门课存在的意义，因为它就是一门分析人类内在观念的课程。

所以，性别学，就是认知人类在漫长历史中形成的各种性别歧视的观念，了解它们如何束缚男性和女性，并且将如何改变这种情况的思想和方法教授给大家的一门学科。看过这段说明，我想大家一定明白了，性别学可以说是横跨了大部分学科的一门学问。

　　本书就是我这门"性别文化论"的授课实践记录。教授这门课程的目的，就是让大家了解文化中的性别的架构究竟是如何展现的，怎么做才能从这种诅咒中逃离出来。这门课面向的是女大学生，我希望我的讲义能够触碰到每一名年轻女性的"内心"深处，从而改变她们原有的一些意识。这也正是我教授性别学的初衷。

第二章

公主故事和性别

首先，我必须解释一下，为什么我的性别学讲义选择了"公主故事"这样一个主题呢？正如牟田女士所说，这一主题其实并不新颖，之前早就已经被研究过了，可以说是在学界被普遍研究的一个主题。那么接下来，我就给大家讲讲我选择它的理由吧。

公主——全世界女性的"未竟之梦"

我想，所有女孩都曾经憧憬过"公主"的身份吧？其实我也一样，从小时候起，我就对《白雪公主》《小美人鱼》《灰姑娘》的童话故事十分心动。以前有一部日本电影，改编自《灰姑娘》，叫《歌唱的狸子宫殿》（我是昭和10年出生的，所以知道这么古老的电影[1]，年轻人肯定没听说过）。我还被让·科克托的《美女与野兽》感动得不得了。

所以，在12岁以前，我想象的世界中还只有公主和王子。但是，就在12岁那年，某个契机让我注意到了"现实"。我发现自己并不是公主，世界上也不存在王子。我小时候还有一个梦想，就是以后成为一名伟大的画家。12岁那年，我意识到成为画家的梦想貌似更容易实现，于是就开始朝这个方向努力。

这世界上究竟有多少女孩，为自己没能生来就是公主而感到惋惜呢？当意识到自己并不是公主的时候，又该如何填补内心的空白呢？唯一的办法就是找到王子，和他结婚。可是，一旦醒悟自己不可能和王子结婚，那又该如何是好？或者，一旦明白王子的存在也是虚构的，那又该如何是好？

女孩的一生，就是一段从憧憬、梦想到幻灭的历史。看清一切的大人总会带着优越感这样说："大家

1　作者出生于1935年，电影上映于1942年。

小时候都在憧憬一些不可能的东西，长大成人了自然会接受自己不是公主，也找不到王子的事实啦。这不就是所谓的'成长'嘛。"就好像自己的期待幻灭反倒成了什么好事。

　　所谓"人生就是一个幻灭的过程"，虽然有一部分是在理的，但我反对"感到幻灭是好事"这样的想法。在我看来，好的人生就应该是实现希望的人生。就算希望没有全部实现，或者没有完全符合自己的期待，但我依然认为，好的人生就是能够实现自己梦想的人生。不是吗？当然，人的梦想可能会变，实现梦想的过程中可能会有很多困难。但正是因为会遇到困难，人生才过得精彩。可是，在那些童话故事里，凭借自己的努力克服困难、抓住幸福的是男人，是那些王子的工作。公主是不做这些的。她们就只是等着、睡着，由王子赐予她们幸福。要是王子没来，要是王子不爱，她们的人生就失败了。这样真的好吗？如果一个女孩一直被灌输"爱要等着别人给"的观念，在接下来的人生中她能够在这个世界上好好生活，为社会做贡献吗？女孩难道不应该努力靠自己去和困难战斗，靠自己去实现梦想，努力为自己和他人的幸福奋斗吗？

小时候梦想成为电影演员，长大后做了电影杂志的编辑，或者像我这样，小时候梦想当画家，长大后成了美术史专家。这都属于一种自我实现。可是，如果一直想着以后成为公主，和王子结婚，过上奢华的生活，那这个梦想就是绝对不可能实现的。如果我是这样的女孩，那我的人生必然会相当痛苦。那些坚信能成为公主、嫁给王子的女孩的人生，从一开始就注定是要幻灭的。这样真的好吗？那些成年人把一个必然会幻灭的梦想不断灌输给少女，这不算是彻头彻尾的文化欺诈吗？

　　绘本、童话、动画，还有商场，甚至酒店，都在不断对小女孩贩卖"公主梦"、贩卖"公主装扮"，开办"一日公主教室"，还要卖一些和公主有关的文具。大商场把一个个粉红的公主梦卖给了女孩，获得了利益，但买梦的女孩总有一天会遭遇幻灭。成年人明明知道"这种梦想反正是不可能实现的嘛"，却还是贩卖这种梦想，并且引导女孩去买下这些无法实现的梦。

　　成年人难道不该把一些有可能实现的，至少是靠自己的努力能够实现的梦想赋予女孩吗？他们给男孩买的是交通工具，是火箭，是宇宙飞船，还有外星人玩具。这些玩具都是他们长大之后能乘坐的、能制造的、能使用的和能研究的东西。而且这些玩具都和机械文明、技术相关。也就是说，它们都是"工具"，和孩子的生活方式、内心及身体并没有多大关联。

反观"公主"，却是深入到了女孩本身的生活方式、内心及身体的东西。一个女孩会从"公主"的故事中学到什么呢？她学到要变美，要更可爱，要穿漂亮的礼裙，头发应该留长，要更蓬松，做个卷发也不错。一定要喜欢粉色。大眼睛忽闪忽闪地眨巴是最有效的。但是宣扬自我就会被讨厌。为了能获得所有人的喜爱，为了能顺利结婚、获得金钱和地位（所谓幸福就是结婚和有钱），为了能抓住幸福，就要好好打扮自己。可是，无论她怎么努力，这个梦想都是无法实现的。最终得到的，只有那些梦想的残片而已。

依靠他人力量的人生规划

为什么变成公主、和王子结婚这种事绝不可能做到？理由有三。第一，公主的身份并不是靠努力和才能得到的，它必须是生来就有的，无法凭个人意志转移。第二，公主这种称号仅在封建制、君主专制、君主立宪制国家才有。但这样的国家可不是随处可见的。王子也一样，在全世界范围内屈指可数。所以成为公主、和王子结婚的可能性非常低，接近于零。第三，在约定俗成的概念里，要想得到王子的爱，就必须拥有美貌。而美貌也是与生俱来的，虽然通过努力也能"进步"不少，可称得上美女的人仍属极少数。即便如此，一些女性仍旧想当美女，并为此付出了各种努力。她们付出全部精力，哪怕只是一小步，也要让自己离美女更近一些。她们不停地照着镜子，像最热爱绘画的画家涂涂抹抹。向命运做出的唯一积极的挑战就是化妆。这么说并非夸张，也不是在开玩笑。看看就知道，就连十来岁的女孩，也会在电车里拼了命地涂脂抹粉、描眉画眼。

　　最近人们都在批判洗脑行为，但日本的年轻女性选择将一切都赌在自己的外貌上，这种活法正是洗脑的"完美"成果。一旦开始化妆，就只能越陷越深。这么做，镜子里的自己似乎也逐渐有点美女样子了。可是，再看看那些艺人、模特，又觉得自己的体形差得太远。那这回就开始减肥吧。她们只会把自己的价值、自身存在的理由都放在身体和脸蛋等外形上。这样的女性真是可怜至极！

那些原本就头脑聪慧，能读东京大学、剑桥大学的女孩，或者父母的地位很高，有钱有地，足够保证未来生活的那些特权阶层的女孩，是不会做这些努力的。在化妆和减肥上拼命的，都是些"普通"的女孩。而这样"普通"的女孩才是人群中的大多数，才是未来支撑这个国家的女性。

究竟是谁告诉她们"外形就是一切"的？学校的校长、她们的母亲都说"外形不是全部，心灵美才是最重要的"。可是，她们都知道这只是一句谎言。因为在她们人生最初的时候，就听过、看过公主的故事，就认定幸福和人生的目的，就是被王子爱上。那些故事都这样告诉她们：

"王子一眼就沉沦在了公主的美貌中，他对她一见钟情，想要娶她为妃。"

可是，光靠自己的能力是无法成为公主的，想要遇到王子，靠自己做不到。生来就是美女，靠自己也做不到。从本质上说，"被王子爱上"这件事本身就是绝对没法靠她们自己做到的。因为"爱"的行为是王子发出的，她们是"被爱"的一方，所以从一开始，这件事靠她们自己就做不到。于是，一个女孩人生最大的事业，全都无法靠自己去决策，也没法靠自己做到。一切全靠命运、偶遇、幸运和机会。在女孩的童话中，还必须要有"妖精""女巫"等掌管命运和幸运的超能力阿姨出场。女孩之所以喜欢占卜、喜欢女巫，也是因为她们知道，自己的人生全靠命运左右。

再看另一边，王子往往是靠自己去冲破障碍，亲手去获得幸福的。女孩就只是梳个漂漂亮亮的卷发在"沉睡"，比如白雪公主和睡美人。即便她们醒着，其实也还是在"沉睡"。因为就算她们有头脑、有意识，却毫无行动。除了美，还有什么别的事要做吗？明明"知道"美貌能带来至高的幸福，为什么还要去做些无谓的努力，把自己搞脏呢？哪有人会这么傻啊？在深爱自己的男人出现之前，什么都不做才是最棒的。公主童话，就是蛊惑女孩要一生被动依靠他人的罪魁祸首。

上了年纪的公主——结婚仪式不是人生终结

公主童话还有一个陷阱，就是会直接用一个结婚典礼为故事画上句号。好像人生的最高目标，就在婚礼的一瞬间。

然而，童话到此结束，人生可不会到此结束。结婚其实是漫长日常生活的开始，包含怀孕、生产、育儿、家务。生活中不但多了丈夫、孩子，还有公公婆婆。一切显然不可能全是美美的玫瑰色。虽然童话故事总是在宣传"婚姻和家庭是女性唯一的、最高的幸福"，但实际上，对不少女性来说，婚姻和家庭成了她们最大的不幸——不如说，对大部分女性来说都是不幸的。即便如此，童话还是只把"婚姻和家庭是唯一的幸福"的观念灌输给年轻女孩，却避而不谈婚姻同样也可能是导致不幸的原因。这怎么看都不公平吧？而且，还不告诉她们怎么做才能靠自己去得到幸福，这实在是太不负责任了。

还有，在婚礼那一刻，公主是年轻貌美的。她们是因为年轻貌美，所以得到了幸福。可是，人会上年纪，会变老，肉体的美丽必然会减少。事实上，在人的一生中，既不年轻也不漂亮的时间才占据了大部分。当一个靠年轻貌美夺得幸福的女性失去了青春和美貌的时候，她会认为自己丧失了价值。身处一个将年轻貌美当成衡量女性价值的标准的社会中，女性就会像白雪公主的继母、那个女巫一样不断发问："魔镜魔镜，快告诉我，谁才是这个世界上最美的女人？"而魔镜有时会说："皇后，这世界上最美的女人就是您。"但突然有一天它开始改口："这世界上最美的女人不是您，是年轻的白雪公主。"于是，皇后便会高声诅咒，企图杀害那个年轻的女孩。

美国一位倡导心理疗法的学者埃莉萨·梅拉米德曾写过一本名为《白雪公主情结》的书。她将女性的一生分成两半，将其比喻成月亮的表里两面。年轻貌美的那一半是月亮的正面，衰老丑陋的那一半则是月亮的背面。（エリッサ・メラメド：《白雪姫コンプレックス》，片岡しのぶ译，晶文社，1986，第10页）

"女人剩下的那一半人生，就好似月亮的背面，不是吗？在世人眼中，也就是说，在以男性为中心的社会中，那张脸不再被世人所见，就好似月亮的背面。

女人的后半生，真是黑暗又艰难。而对那些年轻时一直在阳光灿烂的大路上前行的女性来说，尤为如此。"

埃莉萨还在书中写到，自己年轻时，曾在一家美容院目睹了这样一件事：当时来了一位60岁左右、画着大浓妆的女性，店里的男性美容师顿时露出一副"呕，这老太婆下回千万不要再来了"的表情。当时埃莉萨心想："这老妇人实在太可怜了。这种事（衰老）应该不会发生在我身上。"可是如今自己已经40岁了，这么一想，眼下其实已经进入"月亮的背面"了。

"没错，我当时还很年轻。人生在我眼中仍旧是个童话。在童话里，年轻女人和年老女人扮演的可是完全不同的角色。要问我的角色是什么？那当然是白雪公主了！"

然而，埃莉萨在年过四十的时候如此喊道："我被骗了！我怎么这么傻！""我本来应该是白雪公主啊，可不知从何时起，我竟然变成了'继母'！我总算从长达40年的幻梦中清醒过来了。年轻时候的我，把年轻貌美的自己和真正的自己混在了一起。我以为自己就像沉睡于森林的美女，15岁的时候就陷入沉睡。迄今为止，我一直期望的就是沐浴在男性欣赏的目光之下，也一直在为这个愿望努力。可是如今，我体会到了要'离开这个舞台'的痛苦……这正是'继母综合征'的真面目。那么，倘若那个年轻有魅力的女性不是真正的我，那我究竟是什么？我该怎么做，才能找到真正的自己？"

想到这儿，埃莉萨利用工作之便，快速找到了很多40岁以上的女性，组织了一次集会，开始调查大家的想法。一间教堂愿意为她们的集会提供场地。第一次相聚时，教堂里正巧播放着《婚礼进行曲》。"我们所有人，你看看我，我看看你。有的人笑了，有的人流下了眼泪……有的人和丈夫关系很差，有的很好，也有人离婚了。大家都明白，自己的婚姻生活根本不是《婚礼进行曲》描绘的那样，闪着玫瑰色的幸福光芒……"

接下来，不只是在美国，埃莉萨还在爱尔兰、法国等世界各地采访调查。她得出的调查结果是：全世界的女性都对"上年纪"这件事感到烦恼。这些女性接受的观念都是：只有年轻貌美才是有价值的。埃莉萨在书中提出警告：让她们对这种观念形成"印记"，等于对她们的后半生毫不负责。这会让全人类中的一大部分人深陷不幸。同时她提议，要赋予女性的生活方式新的价值。

只赋予年轻貌美的女性价值，歧视、蔑视年老女性的倾向，在童话中变形为年轻的公主和坏心眼的年老女巫的对立。年轻女性会把自己放在白雪公主这一方，但实际上，步入老年的她们则会转成女巫那一方。而正如埃莉萨写的，这种变化其实是发生在男性凝视中。"可爱女孩"到"老太婆"，这种如堕地狱的变化，是由制定这种社会价值基准的男性导致的。也正如本书中学生写的，所谓女巫的镜子，其实指的就是"男性的眼睛"。而女性往往只有在听到镜子回答"你已经不再年轻了"的那一刻，才开始思考真正的自己究竟是什么样的。可是这个问题，男性在 20 岁的时候就已经在思考了。

无论男性还是女性，都应该早早开始认真思考真正的自己究竟是什么样的，自己的人生该活成什么样，人生的价值是什么。应该早早就开始思考、设计自己从现在一直到老的人生图景，这才是聪明的做法。既然社会告诉男性要这样做，那一样也应该告诉女性。

必须改变这个"失去性魅力、失去生殖功能的女人就是废品"的男性社会。性价值并不等同于人的价值，无论男女，这一点都是一样的。

不过最重要的，还是让年轻女性去思考自己漫长人生的真正活法是什么。如果一半的人类，她们的后半生都是被践踏的、是不幸的，那这个社会显然不是什么像样的社会。它不过是一个以肉体和性价值为基准的社会，是雄性动物的社会。它与进步的、拥有平等尊严的人类社会相去甚远。无法改变这种状态，将会为我们的社会带来难以估量的损失。

我希望我所珍爱的所有女学生们，都能获得人生的幸福。希望她们回首人生时，会觉得"我年轻的时候真好"，而不是哀叹"我被骗了"。我想告诉她们：她们的价值一生都不会改变，依靠努力建立起来的东西，不应该因为肉体条件而被区分优劣。因为衰老是人生的必然，如果单凭肉体区分优劣，那么在她们心中，活着本身就是一个不断劣化的过程。这样想的女性，她们的人生还能有什么希望可言呢？

在我写这一章时，周刊杂志 *AERA* 正好也刊登了一篇特辑文章（2002 年 12 月 30 日号，第 38—41 页），其内容围绕"年过四十、受欢迎程度下跌的女性"和"女人到多大年纪还能算女人"等焦虑展开。其中一名女记者写道："女人会死一回，但问题就在于，该怎么二次复活呢？"这个"女人会死一回"的说法，是"失去了性吸引力，下跌到了'对象外'（这篇文章中使用的词语）的境地"的意思。文章中充斥着年近四十的职业女性的焦虑。或许一些之前曾充分发挥自己的性魅力，尽情享受人生的女性，发现自己的魅力衰退，于是为此感到焦虑。然而，还有很多女性从未改变过自己的生活方式，以始终如一的态度去生活。这样的女性并没有被文章提到，也无法成为周刊杂志特辑文章的书写对象。或许也会有女性读了这种表达焦虑的文章后感到认同吧，但是这种文章给不出任何积极的建议，就只是让有同样烦恼的女性一起体会苦恼罢了。

　　看到这种文章，最开心的必然是男性。那些富有性魅力、工作能力出众的职场女性之前曾盖过了他们的风头，但是他们读到文章里写的"女人是有'保质期'（这篇文章中使用的词语）的"，而且保质期不长，应该会松一口气吧。"对公司来说，肯定还是首选年轻女孩。""别看她们曾经风光，但到底还是女人。"这篇文章帮助他们再次确认了那个固定观念的存在——女性"存在的理由"就是作为男性的"性对象"。可以说这是一篇令人"叹为观止"，从头到尾贯彻了性别歧视的文章。然而，这样的东西如今还会被朝日新闻社这样的报社刊出，这点也是非常需要大家警惕的。

政府在 2000 年女性会议中提议，要为媒体工作者拨出一定预算，让他们接受性别相关的进修。我认为这是相当有必要的。不过，并不是说要让女性做主体，写一些"男性是有保质期的"一类的文章。如果一篇文章里写了"在女性眼中，男性存在的理由只是作为自己的性对象"，又该会有多少男性为之嗟叹、为之愤慨？重要的是，要懂得以异性的角度，换位思考，聆听对方的诉求。不是用单独的旋律，而是用"对位法"[1]融合各种声音，演奏一曲和谐的乐章，这才是 21 世纪的社会该有的样子。

1　音乐创作技巧，使两条或者更多条独立的旋律同时发声并且彼此融洽的技术。

灰姑娘情结的冲击

写下《白雪公主情结》的埃莉萨·梅拉米德在孩提时代曾是个相当可爱的小姑娘，也曾是父亲的掌上明珠。在很长一段时间里，她一直都备受男人追捧，是个不折不扣的大美人（书中也印有她本人的照片，她有一双好似女演员的美丽双眸，脸上长满了皱纹。想象得出，这照片中的人在年轻时一定是可以媲美伊丽莎白·泰勒[1]的美女）。她在书中回顾过去，坦言自己一直都很关注自己的容貌，哪怕是在患者面前，也始终会坚持展示自己充满魅力的模样。在这样一本著作中，作者的诚实和正直可以说是最有说服力的要素。从一开始就冷静聪明的女性，是无法去谈论那些普通的，或者说大多数的女性的。

虽然读者可能并无兴趣，但我觉得还是有必要讲讲我自己。我遗传了父母的容貌，生来就不是美女，要分类的话，也是被分在"不美"的那一类。不过年

---

1 伊丽莎白·泰勒（Elizabeth Taylor，1932—2011），美国演员，曾两获奥斯卡最佳女主角奖。

轻时我还算是很有魅力的，就读的大学也是男性居多的东京艺术大学。所以在我 20 来岁的时候曾经很受男性欢迎。那是艺术大学举办学园祭[1]的晚上，在一个室外的咖啡厅，我在很多男生的围绕下和他们有说有笑。谈笑间聊到了毕业论文该怎么写的话题。当时，某个后来成为知名学者的男性这么对我说："你这种女孩这么受男生欢迎，还有什么必要写毕业论文啊？"

那一瞬间，艺术大学校园里那棵巨大的栎树在黑暗的夜空下沙沙作响，我感觉自己充满玩乐和骚动的青春之弦突然断开了。我猛然意识到，那名前辈的话，就是"恶魔的低语"。女人只要把男人搞到手，就能衣食不愁，然而男人却必须去经营自己的事业。搞得到男人的女人不需要再研究什么学问。通过这番逻辑，他们聪明地将那些有可能成为自己对手的女生排除在外。按照他们的说法，女性是"没必要"成为学者的。如此一来，艺术大学的教授职位，就都为男性提前空出来了。

上年纪的女性、母亲、双亲、家人、老师……他

---

1 展示学生日常活动及艺术成就的学校活动。

们也都会给我们灌输同样的逻辑。于是女性便逐渐毫无抵触地接受了"我其实'没必要'靠自己的努力去生活"的观念。因为我的父母一向全力支持我实现自己的愿望，也非常期望我能实现，所以我才会在听到那名前辈的话时，非常明确地注意到那是"非常强大的、来自恶魔的低语"，并且不为所动。恶魔在诱惑我走上一条更简单的路。只要我选择和"某个人"结婚，就可以不费吹灰之力地生活下去。但是我非常明白，走上那条路，我无法活出自己的模样。当时还是20世纪50年代，在那个时候，有关性别的思想，甚至是"性别"这个词都尚未存在。

说实话，对我来说，把这些讲出来很羞耻。这世界上有很多比我优秀的女性。我并不出色。事实上，22岁那年我还迷恋上了一个个子很高、长得颇有王子气质的建筑系男生，深信他就是我的王子大人。所以，其实像我这样不出色的人才是比较常见的。我压根儿跟不上那些活得毫不迷惘之人的步伐。大部分女性遇到的问题都比较相似。只要女性还深陷在眼下这种状态中，那么女性群体里就不会出现什么真正的精英。如果有，那反倒是怪物。怪物怎么可能理解普通女孩的心情呢？无论教师还是学生，女性苦恼的那些问题都是一样的——我们必须用这样的态度去教育学生才行，否则是没有任何效果的。居高临下、手握特权的老师只有男性就够了（虽然有些男性并非如此）。性别教育必须这样才行。

《白雪公主情结》出版于1986年，在此之前，美国记者科莉特·道林就出版了《灰姑娘情结——踟蹰于独立的女性的告白》，在全世界范围内引起关注。（科莉特·道林《灰姑娘情结——踟蹰于独立的女性的告白》，木村治美译，三笠书房，1982）

这本书的内容足以震撼读者。同时，书中的论述也为牟田和惠女士谈到的"公主故事究竟意味着什么？被全世界广泛喜爱的这些故事究竟怎样影响了女性的生活方式？"这几点问题开了先河。

这样的故事其实就是在为女性灌输这样一种人生理念：只要长得漂亮、逆来顺受，王子就会来到你身边，你们就能幸福地结婚去了。但是，男性从幼年时期接受的教育就是要独立自强，女性却相反，从小接受的教育是要可爱点、柔弱点，要在别人的保护下生活。关于家庭中对男童女童的教育差异这一问题，我从南希·乔多罗[1]的著作《母职的再生产——性别歧视的心理、社会基础》（大塚光子、大内菅子译，新曜社，1981）一书中得到了极大启发。我在自己的《母性的历史》的讲义中也引用了这本书的内容，引发了女学生的诸多思考。

在这样的教育下成长的女孩，就算长大了，也仍然徘徊于一种幼儿性中。她们的生活方式，就是要给人一种"可爱、需要被保护、很孱弱、很可怜"的感觉。女性要一辈子带着"幼儿性"活着。要将自己保持在幼儿一样的可爱状态里，又或是执着于幼儿和家庭。如果进入社会去工作，那就会丧失女性气质，会给人一种男性化的感觉。学校、职场、工作、找到谋生的手段、缔结契约、得到金钱，这些都令人痛苦。男性早就领悟到，一辈子都得靠自己去面对这些。可女性还在做着梦，以为能靠结婚解决问题，以为婚姻能把自己从人生的斗争中解救出来。从小就听到的公主童话，使她们无意识形成一种要依靠他人才能生存，自己非常柔弱无力的"印记"。而在接下来的人生中

1　南希·乔多罗（Nancy Chodorow，1944— ），美国社会学家。

她们会一直带着这种想法生活。《灰姑娘情结》的作者定义道：靠他人保护自己，这种源自心理层面的依赖状态，就是所谓的"灰姑娘情结"。

作者的个人经验也证实了这一点。她曾从职业女性转变成回归家庭的妻子，也就是说，她从自食其力的工作状态，一转跌落到了去帮助别人、从属于别人的境地，而且还进入到一种"抚养和被抚养"的关系当中。波伏瓦也曾说过："从属就是在逃避面对真正的存在时产生的紧张情绪。"然而，她做家务却得不到丈夫的表扬。丈夫告诉她："辛辛苦苦工作养你的人是我，你够幸运了。"就这样，她丧失了自尊心、自信心，陷入抑郁，开始坚信自己的人生没有意义。可以说，这感受是社会和父母硬塞给她的、名为"女人生来无力"的一种程度极深的"印记"。

于是，她开始思考自己一直以来接受的教育，她发现，因为女性被设计成了不能去发挥自身能力的性别，所以她们缺少源自心理层面的自立愿望。女孩从小玩过家家就是在履行女性的职责——也就是说，要去学习如何服务他人。而学习这些的结果，就是不去反抗权威，不再有自己的信念，不再为自身的权利而斗争，变成一个始终处于精神依赖状态中的人。

心理学家麦科维曾说："掌握主导权，对自己负责，不去依靠他人，而是靠自己去解决问题……我做到这些也不会被父母夸奖。可如果是男孩做到了这些，就会得到奖励。这件事造成了二者决定性的不同。"的确，女孩接受的教育，总是在试图提高她们对他人的依赖程度。

"女性很擅长贬低自己。她们没有自信，并且很容易被暗示。一旦遭到反对，她们就会轻易改变自己的判断。她们会逃避困难，而且为自己设定的目标往往很低。

"父母往往不会教育一个女孩要独立。他们精心保护着女儿。她们不会感受到需要离开母亲去独立的压力，父母也不会因为催促她早些独立而产生什么冲突，她们自己也根本没有从所处的环境中走出去看看的探险欲望。这最终导致她们对环境的适应能力低下，很容易依赖大人，而且绝对无法离开大人的关爱。"

作者还指出：女性罹患的精神疾病，很多是因为被"禁止"了太多。她引用了精神科医生卢斯·莫尔顿的话，如此写道：

"女性患者的大多数问题，在于她们孩提时代被严禁有任何自我主张，被要求一定要淑女，还被禁止做各种各样的事。"

　　长此以往，这种无力感会剥夺她们活下去的意志。

　　此外，作者还引用了斯坦福大学心理学教授卡罗尔·杰克林的话：

　　"一些中学老师会让这些女学生更无力，因为他们对女性不抱有任何期待，所以也从不会斥责她们。"

"公共领域"和"私人领域"的性别

　　老师不会斥责女学生——这句话让我猛然一惊。因为我意识到，大多数女子大学都存在课堂上悄声私语的行为，但是老师很少会因此斥责学生。其实，这种现象本不仅限于女大学生。在对大学衰退的担忧中，最严重的问题就是授课过程中的"悄声私语"。而其中又尤其是女大学生最常出现这种私语的现象。或许从初中到高中，她们就算说悄悄话也不会挨老师骂。至少从我收到的反馈看，大多数情况下老师是不会斥责她们的。从某种意义上说，教师的这种行为属于放弃教育。想让学生更优秀的话，本来是应该斥责的。虽然镇压式的怒骂并不可取，但如果是严肃地表达怒意，学生也会明白老师是在认真对待自己吧。

我所在的大学课堂上，很少有学生会悄声私语。不过，也并非完全没有。在我班上也曾有过那么几个人交头接耳过一两次。对学生发火本身没什么难度，难就难在需要深入思索学生讲悄悄话的原因。在我看来，女性的私语——正如其字面意思，是因为她们没有置身大学课堂这样一个"公共领域"的自觉。女学生是生存在家庭和意气相投的朋友等亲密的"私人领域"中的，并且始终是处在这个领域中去行动的。学校属于公共领域，在这里，我们需要将自己的人格切换到公共场景之下的人格上。可是，女孩没有办法从任何地方接受这种角色转换训练。因为在相当长的时间里，女性都是被禁闭于私人领域中的，这种习惯和公共领域的需求完全不符。

要形成一个生存于公共领域中的人格，需要满足几大条件。第一，从形成这一公共领域的集团整体去考虑，生成自己属于该集体的自觉。也就是说，自己在其中不属于任何一种特权性质的存在，而是属于集体中的一分子。第二，认识到自己是集体中的一分子，又保有足够的尊严，知道自己是独一无二的，身处整体也不会丧失自己的独特性。第三，肩负维护整体的责任，同时还要不断向这个整体输出自己的意见，保持整体和自身的和谐关系。

以上几点是民主的公民社会应该具备的道德准则。在欧美国家，人们从儿时起就要接受这种道德准则教育。"有集体责任感"的孩子会让一个班级良好地运转，让授课顺利地推进。随后，他们能进一步养成对整个企业富有责任心、对自己的工作也能负起责任的心性，成长为一名关心国家和国民的未来的公民。

然而，女性往往被搁置在公共社会（例如企业等）的边缘。试想，如果她们被远远地放逐到了根本无法参与核心决策的位置上，那么这家企业无论是破产还是经营不善，她们都不会那么关注吧。那么，如果女性在家庭中也总是被要求"闭嘴""不要插手男人的工作"，这个家庭的未来对她们来说又有什么关系呢？如果在学校，长久以来老师都没有把她们当成要认真教育的学生，没有重视过她们，那她们自然会觉得自己和学校这个集体无关，觉得自己是边缘人物，做什么都可以，反正没人在意。这种生发于父权制的所谓"女性=私人的世界""男性=公共的世界"的固定角色分工，灌输给女性一种"周围发生什么都和我没关系"的观念，令她们形成一种私人领域的自我膨胀，也就是一种"自我中心主义"，而这种自我中心主义表现出来就是在教室里"悄声私语"。

所以，在我的课上，我会对讲悄悄话的学生说："我现在在'对你说话'，所以希望你能好好听我说。""对你说话"这几个字想表达的意思是：这个学生对我来说很重要。"就算我在讲的内容很无聊，你不想听，但除你之外还有其他人在听，所以请至少不要打扰别人听课，请为了集体忍耐一下。""这里并非你的私人领域，这里是公共场所。""训练自己在公共和私人领域互相切换，这是大学生要迈出的第一步。"

学生们在课堂上发言的时候，我也提了要求。大多数情况下，女性只有在私人领域才能发声，声音总是小小的、弱弱的，她们好像在用手机通话，根本不会发出洪亮的声音。或许在她们心里，那种喏嚅般的声音比较有"女性气质"吧。在私人领域这样讲话还可以被认为是有个性，可是在教室这样的公共空间中就不能这么做了。在市民聚集的空间里也是一样。在企业中发表演讲也是一样。"在公共场所不能讲悄悄话，而是要用'公开话'——清楚的、逻辑清晰的语言，大声说出来。"

可是，想要迈出这一步非常困难。很多女性在私人领域发言甚有雄辩的气势，但在公共领域却会沉默。希望以后的女性不要再这样了。

我在千叶大学也注意到了相同的问题，学生在表达前最需要训练的就是在公共场所发言的能力。从我常年的教学经验来看，一直到20岁，女性在"公共场所发声"这种行为都是被剥夺的。因为大声地、明确地表达会被视作"没有女性气质"。在公共场所，她们被禁止发言，那么想要表达自我主张，想要解放自我，就只能通过"私语"。反复出现"私语"行为的学生，人人都有一个被无视的过往。如果让她们意识到自己在这个集体中很重要，是不可或缺的一员，那么她们是绝不会讲悄悄话的。

她们会讲悄悄话，也有可能是因为课程内容无聊。但如果她们有集体责任感，其实把这种情况反馈给老师，请老师改进授课内容就好了。就算自己觉得无聊，但看到除自己以外的朋友们都还在听讲，出于道德规范，也该忍过 90 分钟，而不是交头接耳。自我主张和对他人的顾虑会成对存在，形成一个人的公共人格。

母亲和女儿

道林援引一部分心理学知识，分析了家庭中女儿和父母之间的关系。她认为"父亲往往会禁止女儿超越自己。大多数父亲都反对女儿走上她们梦想的道路"。另一边，"母亲会对女儿的独立心生妒意。她们一边哀叹自己枯萎的人生，一边羡慕着女儿，想要去缩小女儿的发展范围，意图迫使她迈入和自己相同的人生"。"母亲害怕女儿获得自由，害怕女儿独当一面，害怕自己的低劣被暴露出来，害怕自己被女儿无视，所以，她们会努力正当化自己那受限的人生。"

于是，女性会进入家庭这样一个"安全区域"。"大多数妻子都把家庭视作安全区域，在选择自己的丈夫时，她们选择的其实是一名保护者，是保护自己的王子,是可以让自己不用承担任何责任的人。"也就是说,女性的幸福就是安乐。然而,结果却会让她们的期待落空。妻子会觉得"我包揽了家里的大事小事,养育三个孩子,完全没有一点属于我自己的时间""我丈夫无聊又一身缺点,除了工作,他对什么都不感兴趣"。因为妻子没有工作,所以不能理解丈夫为何沉迷工作,于是心生不满。然而,妻子却没有能力离开这个家。保障她生活的是她的丈夫,某种意义上说,丈夫是绝对的。道林发现自己成了一个只能寄生在丈夫和孩子身上的女人。于是她感叹:人生是无意义的。虽然在物质层面并无不足,但心已如死灰。

最终,道林选择踏上旅途。她用波伏瓦的话鼓励自己,"人生中,唯一能依赖的只有我们自己"。于是,她"纵身跃入了自由的怀抱"。

道林的这本书写满了一名女性对生活的意义发出的、无比真诚的询问。她深入思考自己为何"落到这步田地",最终觉悟,这就是"灰姑娘情结"。

这只是某一类典型的女性体验,并不是说所有成为妻子的女性都是这种状态。自然,也有很多女性对自己的家庭和家人感到满意,生活得非常幸福。然而,像道林这样尝到了致命般不幸的女性也同样多得数不清。也正因如此，道林的这本书才成为一本畅销书。正如我前面提到的，我希望这个社会不要再对女性强调"女人这一生必须结婚，只有结婚才是女人唯一的幸福"。结婚可能会让女人幸福，但也可能导致不幸。幸福的模样千人千面，每个人的幸福都不相同。社会应该告诉女性：要去追求自己梦想中幸福的模样。

是谁在贩卖"永远的畅销品"？

批判层出不穷的同时，公主故事仍被大量生产并消费，长盛不衰。

眼下靠"公主"赚得盆满钵满的，是人尽皆知的美国大企业。同时，公主的周边商品也被大卖特卖。只要加上"公主"二字，就一定能成为畅销品。卖得越多，生产得就越多，生产出来的产品被大量消费。因为被大量消费，所以影响力也是空前绝后。

然而，公主可不是最近才被发明出来的，它算得上是前所未有的"长销"主题。仅从文献看，其发端就可以追溯到中世纪。《白雪公主》《睡美人》《小红帽》等故事，由德国的格林兄弟根据从中世纪流传下来的德国民间传说改编，收录在《格林童话》中。这套童话的第一卷出版于1812年，第二卷出版于1815年，第三卷则出版于1822年。他们是从一位名叫费曼的女性口中听到了这些故事，出于保护德国民间传说这一民族文化的目的，将这些故事出版成书。如今，《格林童话》已被翻译成70余种语言，遍及全世界。

于马尔堡大学获得学位、现任教于武库川女子大学的野口芳子女士曾撰写了题为《日本对格林童话的吸收》的博士论文。随后，她又用日语将该论文以《格林的童话》（劲草书房，1994）为题出版成书。此外，野口女士还在其论文《国家体制与异文化吸收》（《ジェンダー学を学ぶひとのために》，第239—252页）中如此说道：

"作为异文化的一种，日本人在幼儿时期就从绘本上接触到格林童话，所以对其中的故事都很熟悉。想必有不少女性，都曾憧憬过《白雪公主》和《灰姑娘》的结局——结婚＝皆大欢喜吧。如果说格林童话煽动了女性的结婚愿望，让'女性的幸福就是回归家庭'

起到了'印记'效果，那么从性别出发去调查、研究对格林童话的吸收，就具有十分重要的意义。"

野口认为，格林童话之所以在明治20年[1]就早早传入日本，是因为日本政府有意优先吸收德国的国家主义体制和文化，防止法国、英国、美国等民主体制和文化的入侵。野口女士的这一考察是可取的。童话翻译乍看好像并无任何政治意义，实则不然。明治20年代的日本没有选择学习英国、美国、法国等国家的自由主义和民主制度，而是选择以近代化更迟一步的德国权威主义、国家主义为范本，目的是压制民权运动。出于这一政治路线的考量，自明治20年代，日本开始引入德国的文化、思想和学科。而之所以如此选择，是因为日本政府想要强化将男性推向顶点和核心的父权制社会。

那么，是这种强化的愿望直接促成了格林童话传入日本吗？实际情况并没有这么简单。一开始负责改写格林童话的人名叫管了法，他是福泽谕吉的门生。他并不愿意迎合亲德的保守政府，所以反倒是将格林

1　1887年。

童话当作一种民间文化介绍到日本。根据野口女士的详细分析，当时管了法还将原作中较为残酷的内容、不符合他信条的内容都改写了。

然而，当时的格林童话，都被改写成了以家庭为中心强调"忠孝德行"的故事。以此为开端，日本的格林童话统统按照带有日本意识形态的、强化家庭制度的风格改写而成。据野口女士所说，格林童话中那些角色的个人主张和解放意识，到了日本的改编版本中被统统抹消、变形了。我对这一部分内容很感兴趣，从野口女士的论文中了解到了很多。

在《白雪公主》《灰姑娘》等被全世界熟知的格林童话中，虽然不存在日本这样以家庭、父母、君王为中心的儒家美德的"印记"思想，但正如野口女士开篇指出的那样，这些童话将女性生存的场所统统设定成在家庭中，将结婚视作女性的幸福，认为获得幸福的女性的美德，就是美貌和顺从。这些都属于性别的基本"教规"。和政治形态不同的是，在父权制社会这方面，欧美各国如出一辙，所以这就是此类童话在日本也很容易被接受的原因。

其实，格林童话里的《灰姑娘》和《睡美人》都被法国人贝洛分别改写过。而《睡美人》在意大利又以《太阳、月亮、塔利亚》的名字广为流传。在欧洲各国进入现代之前，这些故事曾是他们共有的中世纪民间传说，其共通性不言而喻。

而改编《灰姑娘》和《睡美人》的法国人贝洛，曾是被尊为太阳王的路易十四的宫廷诗人，其作品于1697年出版。一经面世，那些上流阶层的读者就深深地爱上了这些故事。当时法国还曾为此掀起了一阵传说故事的流行风潮（片木智年《贝洛童话的女主角们》，Serica书房，1996）。片木智年这位学者曾于巴黎第三大学专攻贝洛文本的批评研究，根据其研究，《睡美人》的原作和后来的动画故事相比，内容相距甚远。原作故事中，睡美人是在沉睡时遭到了国王的侵犯，生下了孩子。但是这些内容不适合出现在"优雅"的公民社会中，于是就被改编成了更高雅的版本。

实际上，和《睡美人》类似的故事还有更早的版本，它被收录于14世纪法国中世纪文学合集《佩塞福雷传奇》中。而18世纪的格林兄弟很有可能是参考了《佩塞福雷传奇》和17世纪贝洛的改编，将各种时期各种类似的故事融合，创作出了《睡美人》。从这个层面看，公主故事最开始是没有国界限制的，它源自父权制社会共同的根源。也就是说，一直到20世纪的资本主义社会，这种意识仍旧毫无改变。而美国的那位天才沃尔特·迪士尼则将其改编成动画电影，输送到全世界，缔造了一个全球性的神话。

也就是说，格林童话中，如今被全世界吸收的，并不是青蛙王子，也不是汉赛尔和格蕾特尔[1]，而是由迪士尼改编成了动画电影的公主故事。之所以会这样，则是因为事到如今，全世界仍被父权制社会牢牢钳制着。而这种公主故事的本质，即基本原则，就是"女性只要美丽、顺从，就能被有钱有势的男性喜欢，和他结婚，拥有幸福"。这使得性别规范得以持续再生产。

德国心理学家荣格及其学派的众多心理学者也对童话做出了诸多分析。童话和神话一样，都是能够快速解释民族深层心理的关键。比如国际知名的荣格派童话分析学家玛丽-路易丝·冯·法兰兹。而受荣格

1　童话故事《糖果屋》的主角。讲述了兄妹两人被继母抛弃在森林中，来到巫婆的糖果屋，机智逃脱，与父亲重聚的故事。

派童话分析影响、在日本出版著作的学者中，较有名的当属河合隼雄，有代表作《童话心理学：从荣格心理学看格林童话里的真实人性》（讲谈社＋α文库，1994），此外还有特奥多尔·塞弗特的《传说中的死与复活——〈白雪公主〉的深层内涵》（入江良平译，新曜社，1989）等。

以上我列举的心理学分析，一致站在"童话并不属于某个作者个人所有，它是在不同的民族中经历漫长岁月堆积而成，作为心性象征而存在"的立场上。我也由此收获了宝贵的观点。然而，总的来说，弗洛伊德以后的心理学基本都欠缺性别的视角。也就是说，从心理学分析是由男性创立的这一角度看，它本身就具有一定的局限性。

例如，河合隼雄在谈到《睡美人》中"公主长到15岁时，手指被纺锤扎到，于是陷入沉睡"这一情节时是这样分析的：

到了15岁，所有的少女应该都曾思考过死亡。也就是说，孩提时代已经结束，她们摇身一变，成了可以结婚的女性……从生理层面看，也可以视为"初潮的出现"……从心理层面看，就是存在于女性心中的那种男性的倾向对她造成了刺激……然而，此后少女不得不暂时陷入沉睡。一直到女性的特性绚丽绽放的"那一刻"来临之前，她始终要被荆棘保护。没有保护的女性是不行的。虽然百年太过长久，但少女之所以沉睡，就是因为她们需要这样一个过程去逐渐发展成熟。这也就增加了《睡美人》这个故事和普通女性生活经验之间的亲近感。(《昔話の深層——ユング心理学とグリム童話》，第162—163页)

而另一边，在美国圣母大学取得文学博士学位，又于菲尔丁研究所取得临床心理学学位的女性主义咨询师马多娜·科尔本施拉格，在她的著作《吻别睡美人——童话与女性的社会神话》中写到：这种"沉睡"，象征了父权制强迫青春期少女接受被动的"性"，阻碍她们去拥有主体性的人生，逼迫她们以完全被动的形态深陷一种等待男性来爱自己的状态中（参考本书《阅读〈睡美人〉》一章内容）。

把这两种解释放在一起比较可以看出，前者从保守的男性视角出发，他认为保护少女的"处女性"是一件好事；后者则站在了女性主义视角上，认为这是在阻止少女的主体性行动，并且批判了这种幽闭女性的行为。也就是说，心理学本身就是一门"性别化"的学科。话又说回来，女性在青春期会"死一次"，40岁还会死一次，到了更年期恐怕仍旧要死，有多少条命也不够死的。

第三章

阅读《白雪公主》

可能很多人觉得，应该没有哪个女性上了大学还梦想着成为公主吧。但那只是因为他们不知道实情，又或者只有一部分精英学生那么认为。重点在于，其实大部分女大学生依然还在做着公主梦，这就是事实。而我们一定得从事实出发，否则就什么都搞不明白。

不过，我其实很讨厌那些轻视这些女学生的人。她们之所以憧憬公主、王子，是因为她们从小就被打上了"印记"，这是大量文化对她们洗脑的结果。大人没有灌输，孩子就不会吸收。如果我自己从一开始就是一个从未憧憬过王子的优秀女性，那我可能也无法理解这些女孩的心理。但是，我也曾憧憬王子。而且，我是花了几十年的时间，才让自己从那种憧憬中脱身，顿悟了自己的人生要靠自己去活。

在这门课上，我首先让全班同学一起观看了动画电影《白雪公主》。最近的大学生都不怎么看电影，所以在教室里放电影的时候，我发现大家都看得很积极。认真观赏电影这种艺术（表征文化），这是非常重要的学习内容。她们需要学习去分辨表征，学习用一种批判的、分析的态度去和"媒体"对峙。在教室观看电影的成果，就是营造了一个能让全班学生积极讨论共同体验的场所，这一点非常重要。不过，大学里一节课的授课时长是90分钟（高中会更短），所以要花两节课的时间去看一部动画电影。

看电影的方式没有什么强制要求。我们在课上所做的，属于表征文化研究的第一步——记述（description）。也就是说，要把这个故事的基本构成要素写出来。

○美丽的公主出生了。她的皮肤如雪一般白，双唇如蔷薇一般红。

○她的母亲——王后去世了。继母——恶毒的女巫来到城堡中。继母将公主当成女佣一样使唤，逼她去打水，做一些苦活。

〇在悲惨的境遇中，白雪公主从未放弃希望，她唱道："只要不放弃希望，梦想一定会实现。总有一天，王子会出现，会爱上我的。"

〇某个王子见到了贫苦模样的白雪公主，爱上了她。他想对公主告白，可白雪公主却躲了起来。

〇继母对着魔镜问："谁是世界上最美的女人？"魔镜始终回答她："您是世界上最美的女人。"可是当白雪公主长大，魔镜却改口："白雪公主比您更美。"

〇王后命自己的家臣杀掉白雪公主。她要求家臣将白雪公主带去森林采摘野花，在那儿杀死她，并拿着她的心脏回来复命。

〇本要杀掉白雪公主的家臣没能对可爱的她下手，放公主逃进了森林，然后杀掉了一只动物，取出它的心脏回城复命。

〇逃进森林的白雪公主历经各种磨难，在动物的帮助下，找到了七个小矮人生活的小屋，她和小矮人商量好，自己替他们打扫、清洗、做饭，以此作为和小矮人一同生活的条件。公主会做苹果派，这让小矮人非常高兴。

〇小矮人的家很脏很乱，白雪公主把家整理得干净整洁。她还教会小矮人，在饭前要好好洗手。

〇七个小矮人去森林深处挖金矿。每天早上，白雪公主都会吻别他们，然后这些小矮人就唱着"最爱工作的歌"[1]，去挖金矿了。

〇七个小矮人各自都有自己的个性。有的沉默寡言，有的厌恶女性。但白雪公主对他们都很温柔，像母亲一样照顾他们。

〇白雪公主告诉小矮人，自己心仪着王子。那王子是身材高大的年轻男性，和小矮人完全相反。

〇王后从魔镜那里获知了白雪公主仍生活在森林深处的消息。于是她决定亲手杀掉白雪公主。她在地下的密室里配好了毒药，并将毒药涂在了苹果上。自己则化身老太婆。

〇老太婆找到了森林中的那座小屋，她对白雪公主说，男人都爱吃苹果派，向她兜售自己的苹果。

〇白雪公主在老太婆的劝说下咬了一口苹果，随即当场倒下死去了（看上去像是死了）。

---

1 《七个小矮人之歌》。

○动物们赶去小矮人身边，将这件事告诉了他们。小矮人马上回到了家，发现了死去的白雪公主，十分悲伤。

○小矮人和动物们追赶着老太婆，老太婆从高高的悬崖上跌了下去。

○小矮人将虽然死去，但面庞仍美丽、宛然在世的白雪公主装进了水晶棺，把水晶棺安放在了繁花树木下，哀悼她的死去。

○王子听说了睡在水晶棺中的美丽公主的事情，于是骑着白马赶来并发现了白雪公主。他亲吻了仿佛睡着了的公主。

○这一吻唤醒了白雪公主，她和王子拥抱在了一起。王子让白雪公主和自己同乘白马，带领她同自己一起向高耸入云的城堡走去。

看过电影后，全班展开讨论。大家都来讲讲自己的想法，讲讲自己被哪一点感动，或者觉得哪一点有些奇怪。讨论时，同学们的看法各不相同，都颇具个性，大家可以通过讨论了解到各种各样的看法。而缺席的学生就无法获得这些益处，所以只能写一些带有刻板印象的观后感。由此可见，集体讨论对学生们提出观点起到了非常重要的作用。

我会让学生们讲述自己的感想。以下内容就是她们的感想。整篇感想字数较多，所以本书仅收录了一些比较典型的内容。我也是得到了学生的许可，才将她们的感想纳入书中印刷出版。自然，她们的这些观后感我完全没有插手修改，因为修改会让一些非常生动的东西消失。而且，也没有什么必要修改。学生们根据自己的想法写下的内容都是非常精彩的。

最爱公主

首先是一些从五岁起就憧憬公主，非常喜爱公主，觉得公主超级"可爱"的感想。

场景明亮，画面和音乐都很轻快。最重要的是，电影中加入了很多歌曲，我看得很开心。一些舞蹈场景中的白雪公主也特别漂亮。手握裙摆不停转圈的动作每个女孩都很喜欢。还有，想要把脏乱的家收拾干净，这种心理也是女性会有的吧。和王子相遇后，公主坚信这个人还会再来，他们还会再见的。这种恋爱的心情给人天真烂漫的感觉。最后的最后，来接她的王子就是她命中注定的爱人。（O·S）

我觉得这是一个特别美好的故事。白雪公主和灰姑娘的故事，都很能撩动女孩的心。尤其是七个小矮人的出场，给人一种放松、平和的感受。我想所有女孩都曾憧憬过、梦想过这样的生活场景吧。全片最后，白雪公主和王子亲吻的画面特别浪漫。（S·M·Y）

这个故事描绘了在继母的嫉妒下，仍旧成长为一名温柔女性的白雪公主的故事。我非常喜欢她，而且也很憧憬公主和王子之间命运般的相遇。

七个小矮人的出场给人带来了欢笑，我看得很开心。（M·Y、M·S）

我非常喜欢白雪公主，这部电影我看过很多次。七个小矮人特别可爱。他们每个人都有自己的个性，我觉得这个设计特别有意思。

在这个故事里，除了人类角色外还有好多动物出场。感觉这个故事是在告诉我们，如果人类能和其他物种共存，保护自然环境，就能见到这么多可爱的动物们。我想，这个故事不只是为小孩描绘了一个美丽的梦，对大人也是一样。（S·A）

看了这种脱离现实、好像做梦的故事，我感到很开心。不愧是能为孩子们带去梦想的童话。美丽的白雪公主，身骑白马的潇洒王子，真是令人心生憧憬。（K·A）

故事的最后，王子吻了公主、公主醒来的画面，还有白雪公主和动物们唱着歌一起舞蹈的场景，在现实生活中都是绝不可能发生的。但正是因为这样，所以我特别喜欢这两个情节。果然，任何时代的女孩都希望自己能漂漂亮亮的。（I·R）

白雪公主人如其名，是一个皮肤白得像雪的美丽公主。她的心灵也很美，对动物还有小矮人都很体贴。这样的人放到现代也依然会让人向往吧。而且应该会非常受男性欢迎吧。白雪公主初遇王子时，王子就爱上了她。但是白雪公主觉得自己身上的衣服太寒酸，于是因为羞耻躲回了自己的房间。这时候的白雪公主既可怜又可爱。

我想，无论白雪公主穿着什么样的衣服，王子都能从她美丽的脸庞看出她的内心有多美。（S·R）

不管多大年纪看这个故事，都会觉得它充满了美好的梦想。虽然会遭遇苦难，但接下来的瞬间就会发生美好的事，真好像施了魔法一般。这个故事在任何时代都是那么美好，永不褪色。动画中的公主也一直在为女孩带去无尽的梦想，这都让我非常感动。（U·H）

以上这类持肯定态度的感想主要提到：白雪公主很可爱，动物们很可爱，人物动作很流畅自然，音乐特别棒，公主的礼裙很漂亮、很"梦幻"、特别好。其中比较有代表性的评价是，这个故事告诉了我们爱是多么美好。这类评价占了整体的三成。其中偶尔还会出现类似"所有女孩都曾憧憬""所有女孩都喜欢"一类的表达。值得注意的是，她们没有用"我喜欢"，而是用了"女孩"这样一个集体名词去表达想法。因为她们从小就是听着"你不是女孩吗？""因为你是女孩啊"一类的说法长大的，所以她们不用"我"来做主语，而是用"女孩"这种说法，从集体出发表达自己的意见。可事实上，读了她们的观后感，听了她们的意见，我发现就算同样是女性，她们的意见仍旧有很多不同。当时，不同的感想也让班上的一部分人大吃一惊，掀起一阵骚动。因为她们突然明白了，就算同为"女孩"，大家的想法也并不相同，甚至有些想法是那么出人意料。

以上列举的这些"朴素"的感想，在第二次提交观后感的时候基本就消失了。不知道是因为学生们注意到，老师想看到的不是"女孩"的感想，而是"自己的意见"，还是因为老师表扬了讲述"自己的意见"的观后感，所以想要朝着那个方向努力呢？不论哪种都很好。重要的就是从"人们说"转变成"我认为"。

略含批判性的感想

接下来的这些感想，来自一些非常喜欢公主，但是也比较在意一些细节，于是按照自己的想法重新理解了这个故事的学生。

我小时候觉得"被王子吻了之后醒过来，实在是太棒了！"，但是长大之后，我开始隐约觉得这个故事有哪里不太对劲。首先就是白雪公主的父亲从来没有出现过（父亲的缺席，有心理学家指出过这一点，见后述）。那面镜子说"虽然王后也很美，但是白雪公主更美"。这句话可能不仅仅指容貌，还指白雪公主的心灵很美。（K）

看这个故事的时候，我很关注几点：女性对美丽很执着，对梦想心怀希望，还有小矮人对女性的态度。无论是在什么时代，王后这种追求美貌的行为都没变过。以女性身份出生，就必然会这样做。在《白雪公主》中，王后发现自己不再是最美的人，这一点她无法忍受，才导致了最后那样的下场。另一边，白雪公主从不自夸自己的美貌，而是抱着"王子一定会现身"的信念，过着内心丰盈的生活，所以她才会活得那么幸福。这个故事正塑造出了女性的两种生活方式。

我觉得问题出在白雪公主特别理所当然地做家务这件事上。还有，故事设定的小矮人，也把女性理应做家务、理应爱干净的特点都当成是自然而然的。我觉得这种刻板的印象有点歧视女性的意思。（T·R）

在这类感想中，学生们认为白雪公主不只是因为肉体的美丽而受到喜爱，还因为她的性格足够美好。重要的不是外貌，而应该是性格和气质。看得出，这种思考，是对"靠肉体特征这种不关乎我们自身责任的东西决定人生"的思想的一种抵抗。

批判性的感想

批判性的感想大多出现在二三年级学生交的观后感里。我任职的大学会将"性别学"纳入到第一学年的必修课中，而能写出这些批判性的感想的人，恐怕也是听过这门必修课的概论和其他一些性别学的授课内容。而且，学习过这些课程之后，她们将不再囫囵吞枣地接受故事内容，而是能够读取到那些表征背后的信息。这应该也是她们在性别文化论初级课程上分析过电影的成果。

"如果是丑女就能下杀手了？"

王后命令家臣杀掉白雪公主，家臣说"要杀掉那么美丽的一个女孩子吗？"，而他最终也没能痛下杀手。这是我的第一个疑问：如果白雪公主是个丑女，他就能下杀手了吗？

我觉得，跑去不认识的人家里给他们打扫卫生，这是她的一个很强势的计划。她还会在小矮人去工作时献上一个吻，让小矮人高兴。看得出，白雪公主是将自己的美貌当成了武器。（G·I）

"镜子的眼睛，就是男性的眼睛"

白雪公主很可爱，承担做家务的职责，喜欢干净——也就是说，她是一个颇具"女性气质"的角色。继母则通过镜中男性的评价来推算自己的美貌程度。我认为，镜子＝世间所有男性的眼睛。镜子口中的"美丽"，是肉体美（嘴巴、肌肤、头发），而王后也认为这些是有价值的。王子被白雪公主吸引，也只是因为她的美貌和歌声。接到杀死公主命令的家臣，也还是因为"公主是那么美丽"而迟疑。

白雪公主是一个依靠他人力量生活的人。她的愿望是期盼"总有一天我的王子"能来帮助她。还有那些小矮人，一开始他们不知道是谁入侵了自己的家，所以非常慌张。当知道家里来的是一个可爱的女孩之后，他们松了一口气。（A·M）

"小矮人是残疾人"

小时候不经意听到了白雪公主的故事。当时觉得主角白雪公主非常美丽，七个小矮人也特别可爱。

小孩心中的童话和现实是那么不同，这个故事就好像一个梦。女孩会对这种主角投以憧憬的目光，并且梦想自己也能变成白雪公主那样的人。我自己也做过那样的梦。然而，到了大三，听过女性学的课程之后，我从这个故事梦幻的外壳之下，感受到了其中隐藏的"社会信息"。正是因为会有小孩读这个故事，所以作者才有意留下了这些信息。其目的，就是想让孩子们通过故事，去了解"社会"。

首要的信息是"残疾人"。七个小矮人都是老人，

而且个子都非常矮小。他们就是残疾人的象征，而白雪公主则是健全者的象征。这个故事也告诉我们，不要去歧视他们。（O·A）

"女巫的定义"

我想，女巫就是丑女和丑陋人格的象征吧。而且同时也是《白雪公主》暗含的一个主题——只有美丽才是女性存在的价值。我认为这种观念是错误的，性格应该比相貌更重要。王后一开始明明是很美的，却只专注表面的美，于是才变成了丑陋的女巫，丢掉了性命。她的这种想法真的非常愚蠢。（S·A）

"歧视用语"

这部上映于1973年的动画电影十分优秀，让观众叹服。还有在故事展开过程中起到重要作用的那些歌曲，每一首都非常精彩。但是，这次再看，我的印象和童年时大不相同，尤其是那个叫"爱生气"的小矮人的言行。听到他说出"像个女人唠唠叨叨"或者"明明是个女人"一类的话，我真的非常震惊。这类涉及男女歧视的话是绝不应该说出来的，这种思维也是非常封建的。这样做，是将自己摆在优于女性的位置上，自上而下地俯视女性，说些蔑视女性的话，而在对自己有利的情况下，他就会对女性撒娇。像这种人，这种腐朽的想法，时至今日竟然还根深蒂固地存在于我们的社会当中。所以，我们都应该再重新解读一下《白雪公主》才行。（S·M）

"性别角色分工"

过去看白雪公主的时候我从来都没什么想法。进入大学上了性别相关的课程后，我从性别的视角再看白雪公主，发现了好多以前没有注意到的地方。女性的工作、男性的工作——小矮人会唱着"最爱工作"去矿山挖矿，白雪公主则在家里做家务。而动画将这种分工表现成一种理所当然的事情。而且白雪公主要做家务才能待在小矮人的家里，这一点也很奇怪。

我最在意的其实是那个白马王子。白雪公主的结局，放在现实生活中就是结婚了。这个故事是想表明女人的幸福就是和好男人结婚。但是，这明显是错误的认知，因为很多女性都在努力工作着。女性的价值要靠婚姻来决定——这种想法真的很奇怪。（S·M）

"禁忌的果实"

涂满毒药的苹果，象征《圣经》中夏娃吃掉的那颗禁果。这意味着白雪公主绝不会让除了自己的爱人之外的其他人触碰自己的身体。如此看来，"苹果"可以说是一个非常重要的象征了。（S·A）

"刻板的女性描写"

我注意到了"继母的魔镜"。首先，是继母对镜子说出了那句著名的"魔镜魔镜，谁是世界上最漂亮的女人？"，我感觉好像天天都能听到这句话。其中让我感到不快的点在于，它营造出一种好像女人一天到晚只知道照镜子，如果不够美就不愿善罢甘休的先入为主的观念。所以看到这个情节的时候我已经感到很厌恶了。明明有很多女性并不怎么照镜子。

还有，小矮人不打扫家里、不清洗衣物，是因为他们没有母亲。这一点也很有问题。这就好像事先决定好了家务必须只能由女人来做。此外，在我看来，公主逃跑时的动作和姿势也都很不自然。她的形象应该是按照当时男性的审美创作出来的。其实，连我自己也没想到，竟然能从这部作品中看到这么多问题。（I·S）

"美是没有标准的"

王后嫉妒白雪公主的美，可她忘记了，无论自己还是白雪公主，早晚都有老去的那一天。镜子究竟是按照什么标准去选择"世界上最美的女人"呢？美的标准各有不同，从全世界的范围看，人种、文化、思维方式都各有不同，所以我们谁都不知道世界上最美的女人是谁。只能说白雪公主的模样是最符合魔镜审美的，仅此而已。（I·J）

"歧视的结构"

白雪公主发现小矮人的家时，家里乱成一团，该洗的东西全都没洗。这种情节，来源于过去那种打扫、清洗、做饭等家务统统归女性负责，男性都是出门工作的认识。仔细想想，这七个小矮人每个人性格不同，总归有一个擅长做饭的小矮人才对吧？而且七个人分担做家务，这完全可行啊。

故事的高潮，就是王子来解救白雪公主的桥段，会给人一种"女性就是要等着男性来帮助才行"的感觉。

还有，这些小矮人因为激素异常，所以长得非常矮小。因为受到歧视，所以他们无法住在城中，只能

搬进森林里。由此可见，在创作这个故事的时候，歧视的情况要比现在更严重。（N・S）

"理想的男女关系"

白雪公主是个有着白色的皮肤、鲜红的嘴唇、大大的眼睛、身材娇小的少女。继母的脸则是瘦长的，眼尾向上吊起，身材高大，看上去十分阴险。这两个人的形象，其实就是露骨地表现了男人喜欢的类型和讨厌的类型。

从这个故事的结局可以看出，它想要表达的是：女性的成功就是被地位很高的男性爱上，被养起来。男性会保护柔弱的女性，给她们幸福。获得男性的爱将是一个女性最终的胜利，而坏女人则会灭绝。这种结构，就是这个故事想要表现的那种"理想的男女关系"。（H・M）

"恶与丑的关系"

当继母想要欺骗并杀掉公主时，她摇身一变，成了一个丑陋的老太婆。为什么一定要让继母变成丑陋的老太婆呢？这是因为在大众心里，衰老＝丑陋＝可

怕＝恶女，而年轻＝美貌＝善女。这个故事就是这样将王后和白雪公主放在完全相反的两面上。（？　）

"女巫和白雪公主相加才是一个女性"

白雪公主想要和小矮人住在一起时，表示她会"清洗、打扫、做饭、缝衣"这些家务，而这些内容，则被总结在了一句"会不会烤苹果派"上。公主明白小矮人对自己的要求，也做了一番自我展示的演讲。她还扭着身子告诉小矮人"自己很擅长做苹果派"。

关于女巫，其实从儿时起我就对她抱有极其强烈的情感。那就是"恐惧"。在我心中，那是对包含我自己在内的所有女性内心都存在"恶毒"的恐惧。因为无意中我已经知道了：我既是白雪公主，同时也是继母。

不想变成女巫的恐惧会促使我们去做"好孩子"。孩童时期的我战战兢兢地想：好孩子能得到幸福的结局，女巫则会受到制裁。但是这次再看这部片子时，我终于发现，其实她们两人正是同一个人。（H・K）

以上的这些感想在课堂上被读出来的时候，引起了不小的震动。对于性别的基本结构——"女性气质""男性气质"的印记现象，以及"男性——负责公共的工作、负责生产物品""女性——负责私人的工作、负责再生产"等固定的性别角色分工，有些学生是通过已经学到的知识去批判的，有些学生则是从自己的生活经验出发去批判的。

男性社会发动言论去分割女性，将女性分为顺从的、有性魅力的女性，以及衰老的、丑恶的、失去性魅力和生殖功能的女性（淫乱的女性也被分入这一类中）两类，大肆赞扬前者，将她们设计成是能够获得成功和幸福的女性；无情审判后者，让她们跌入不幸与破灭的深渊。让我感到惊讶的是，竟然有不少学生看穿了男性社会的这种策略。而且还有学生谈到自己的心中可能也住着"女巫"，讲到自己内心的恐惧，还概括说"她们两人正是同一个人"。

问题就在于，她之前没有意识到这是男性社会有意去分割女性的一种策略，所以才会将这种分割内化。这意味着，她注意到自己得了女性心理学家所说的"好孩子综合征"。要想摆脱这一"病征"，她就需要认识到，被强迫的"好孩子"是一种虚构的东西，所有人都有多面性，每个人的身上都是既有善，也有恶的。

女孩生来温柔、生来稳重、生来没有欲望……这些都是虚伪的印记。当它们对类型丰富多样的女性施以压迫时，这个女性越是诚实，就越会自责，认为自己是"邪恶"的。《灰姑娘情结》的作者道林指出：不做"好孩子"就不行的这种压迫，其实是女性心理症状的根源。

弗洛伊德派心理学将女性和母亲完全对等，当女性被这样的决定论打上印记时，一旦她们无法爱上自己的孩子，就会深陷绝望和自责中。伊丽莎白·巴丹泰在其著作《母性的神话》（铃木晶译，筑摩学艺文库，1998）中指出，母爱并非本能，而是靠幸福的人际关系酝酿出来的一种人类情感。露西·伊利格瑞的作品《女性的性并不唯一》（棚泽直子译，劲草书房，1987）可以说是年轻女性的必读书。虽然其内容不在本书的范围内，但教授性别学的目的，就是将女性从过去压抑的"枷锁"中解放出来，获得自由，所以与此相关的教育仍是不可或缺的。

让女性同胞去战斗的方法

读过了感想之后，很多学生对"公主是年轻、美丽、善良的女性""女巫是丑陋、衰老、邪恶的女性"等过于模板化的人物塑造都会有疑问和反对。所以我也在课上向学生们讲解了童话传说中"类型化的女性分类"。

○好母亲（生母）和坏母亲（继母）。

○好女孩和坏女孩。

虽然好女孩会被坏母亲欺凌，但最终好女孩会得到幸福的婚姻。

在童话传说中，存在着女性围绕"美貌"展开竞争的内容。

○美丽的年轻女孩和丑陋的老女人。

○美丽且品行端正的好女孩和丑陋且品行不端的坏女孩。

当然是美丽的年轻女孩得到了幸福。

课堂上，某个学生注意到，这种刻板印象下的惩恶扬善（惩丑扬美），其实是男性的一种"策略"。她认为"一切只不过是出于男性自己的好恶罢了"。也就是说，男性在用自己的"评判"促使女性"争艳"。

女性围绕"美貌"展开的争夺战，从古代神话开始就已存在。自古希腊神话中"帕里斯的审判"[1]起，西方世界已经将这种"争艳"视作非常普遍的现象。由男性去审判女性中谁最美的制度古已有之，且早已成为习惯。现代的选美比赛就是典型。因为所有的选美比赛，都是按照男性视角下女性的理想程度、以外貌美为主的性吸引力，以及男性视角下的女性气质，为参赛的女性排序。这种比赛无视了每个女性个人的价值和本性，以及她们作为人的尊严，将她们硬放进一些规定好的条条框框里去评判。所以在性别进步的国家，选美比赛是被废止的。

2002年12月26日的《朝日新闻》早间版专栏《蓝铅笔》上，刊登了废除横滨市持续51年的"横滨选美小姐"比赛的决定。根据这则报道，这一比赛一

1　牧羊人帕里斯将刻有"给最美的女神"的金苹果判给了承诺送他世界上最美的女人的阿佛洛狄忒，而参与抢夺的赫拉给他权力，雅典娜则是智慧。

直都仅限 18 岁以上的单身女性参加，每年都会举办。十几年前，其他的一些城市就开始陆续废除"选美比赛"了。即便如此，横滨市仍坚称"我们这种比赛没有穿泳装评选的环节，也不是单纯选美女，是为了宣扬身穿振袖 [1]、迎接外国客船的'横滨文化'"。"但因为世界杯决赛在即，横滨在国际上的知名度也提高了"，所以才决定要废除这一比赛。因为国际标准所以打破横滨文化，这未免太奇怪了。再说了，这里所谓的"文化"，说到底其实只是"横滨大叔的文化"，并不是只有大叔才算横滨市民。这则报道也让我注意到，文化政策中也存在性别歧视。可以说是相当有趣的一则新闻了。

正如比赛（竞争）这个词所表现的那样，这种比赛是为了顺应男性的要求而展开的女性和女性之间的争夺，是男性塑造了女性这方面的竞争意识。女性的分割、竞争和对立可不仅出现在童话传说中，从古至今，女性一直被分割成"善女"和"恶女"两类，并持续互相争斗。

1　日本和服的一种，通常由年轻女性穿着。

西方社会将女性分割成"带来灾祸的恶女"和"被祝福的处女",并形成了体系。

○《圣经·旧约》中的夏娃——导致人类堕落的罪恶根源。

○《圣经·新约》中登场的耶稣之母马利亚,处女受孕——人类的拯救者。

○希腊神话中的潘多拉——为了惩罚从神的手中偷来"火种"(技术文明的象征)的普罗米修斯,神造出一个美女送给了人类。她将随身带着的匣子打开,一切灾厄从中涌出,蔓延到了全世界。潘多拉是第一个人类女性,在她出现之前,世界上并不存在灾厄。也就是说,是女性将灾难带给了全人类。

○近代文学、现代电影和漫画中出现的"致命女人"——会导致男性走向破灭的恶女。

○贤淑坚贞的"家庭中的天使"——支持着男性的天使般的妻子。

研究这类问题时所需的参考文献有:布拉姆·迪杰斯特拉的《倒错的偶像——世纪末幻想的女性恶》

（papyrus，1994），马里奥·普拉兹的《肉体、死亡与恶魔》（国书刊行会，1986），玛丽·戴莉的《教会与第二性》（未来社,1981),若桑绿《作为象征的女性像》第二章《带来灾祸的女性》（筑摩书房，2000），等等。

以上几本书对刚进入第一学年的学生来说都比较难。当然，也有一些学生已经读完了这些书目。不过读完这些书的平均都是已经上大三的学生。将参考文献写进摘要后，有些学生还跑来我们的研究室借阅其中提到的书，看来这堂课的效果不错。但是，来借书的人还是很少。不过不能心焦，想让学生们知道要靠书本获取知识，就需要一个"导入课程"。这些学生一开始并没有学会通过读书去获取信息的方法。因为一直到高中，她们都习惯死记硬背那些教科书。

为何要分割"恶女"和"善女"？

在本节中，我想讲解一下"恶女"和"善女"为何会被对照性地分割开来。

○在父权制社会，为了保证孩子的血统，女性必须是纯洁的、有贞操的。父权制认为女性至高的美就是纯洁，为了将这一"戒律"渗透给民众，父权制从宗教、道德、文学等文化层面，强调纯洁的女性会得到好报（幸福的婚姻），同时将不符合要求的女性视作惩罚的对象。

○通过展示男性眼中的理想女性和非理想女性的类型，来教育女性。在教育中，展示标准范例和惩罚范例是非常有效的行为。

○弗洛伊德之后的心理学以更科学的用词来陈述"母亲与女儿的战斗"。据此可知，女孩否定没有男性力量（具体指没有男性性器）的母亲，选择更接近父亲。此外，南希·乔多罗在她的《母职的再生产》中写到：母亲试图将女儿养育成和自己完全相同的人，女儿则对此进行反抗，于是二者产生冲突。

过去的文化和精神科学促使女性与女性斗争，把女性放在一个彼此争夺的位置上。"女人的敌人是女人"这种固定观念（刻板印象），是一种有效分割、统治女性的政治战略。

然而，现实中的我们不是"圣女"，当然也不是"恶魔、女巫、恶女"。因为它们都只不过是一些模子罢了。现实中的我们更加复杂、更加多面，而且个个都是独一无二的存在。

　　我们独一无二的人生，是要由我们每个人亲手创造的。面对本就存在的"善"和"恶"的标准，我们不该毫无批判意识，全盘接受。力量更强、更有责任感的女性会被评价成"没有女性气质"，"不生孩子的女性"会被扣上"恶女"的帽子。然而，这些其实并非普遍性的善恶，它们只是过去的时代制造出的一些共同观念而已。在以后的时代，我们需要学习什么是恶，什么是善，并通过这些判断来实现自我。一切都要由作为主体的我们自身来下判断和做决定。

把女儿送上枝头变凤凰！

　　我在之前的一章中提到过《吻别睡美人——童话与女性的社会神话》一书的作者马多娜·科尔本施拉格，她是一名临床心理学博士。她强调，一名女性成长过程中的决定性因素，就是"母亲和女儿"的关系。"母亲绝对会无条件地爱自己的女儿"，这种刻板印象的神话渗透了整个社会。科尔本施拉格认为，这一刻板印象正是灾难的开端。无论什么样的女性，都不可能在一夜之间就变成无私、无条件的"好妈妈"。但是，她又不得不扮演"好妈妈"。这时候，母亲对女儿说话时，就会使用"有双重含义的语言"。

比如这样：

"我是你的母亲，我爱你，为你做什么都可以"（只是因为承受了期待，所以我才只能这么做。我有时候也会对身为母亲的义务感到恼怒，我这么恼火全都是因为你）。"你长得和我很像，真可爱呀"（你身上有些地方我并不喜欢，它们会让我自我厌恶，并且感到不安）。"希望你能独立"（但是不可以不懂感恩，要始终依靠我才行）。"要成为一个能好好做事，有自我主张的女孩哦"（但是得保持女性气质）。"要成为比我更优秀的人哦"（但是你根本什么都做不好呢）。

这是一种"正反两种含义的信号"。在和女学生们谈心时我发现，这种情况在她们的烦恼中占据很大的比重。母亲会给她们抛去一些让她们感到极度吃惊的话。其中大多是一些对女儿继续接受教育、成为独立女性、进一步成长所提出的反对的、反感的表达。有的母亲看到女儿的脸，会察觉到自己容貌的缺陷，指责女儿"有你在的时候我都没法好好化妆"。有的母亲听说女儿要读研究生，于是表示"你的生活方式是在否定我的人生"。而临床心理医生科尔本施拉格也曾见过许多被神话压迫的、苦恼的母亲，以及反映出了这种苦恼的女儿。

"因此，童话传说中母亲的形象才分裂成了两种，也就是负责养育的'好妈妈'和负责破坏的'坏妈妈'。前者被认为是真正的母亲，后者则同没有母爱的其他女性——原型中的继母相关联……'好妈妈'实际上是神话的'内投'（将和自己无关的事项当成和自己有关的精神作用），'坏妈妈'则是针对现实中母亲的缺陷所进行的空想上的批判——也就是说，她是我们自身恐惧的投射。这就足以说明，为什么精神病患者中，压倒性的大多数都将母亲当成是'邪恶'的代表。"

父权社会强制女性去付出无私的、献身的爱——在母性神话中，女性必须无私奉献自己。父权社会迫使女性遵循外部强行赋予她们的价值观去生活，而这种价值观和她们的内在意志毫无关系。如此一来，这些被强迫无私献身的女性，就会形成一种既要压迫自己，也要压迫女儿的行为结构。科尔本施拉格认为，"一些在塑造自我之前先生了孩子的女性，是无法养育出自主的女儿的"。

还有很糟糕的一点，母亲这种"以他者为中心"的生活方式，很容易让女性陷入一种由男性掌控的组织结构中。女性会为了获得男性的青睐和爱意拼尽全力，从而损伤女性之间的友情和联系。因为女性被禁止实现自我、改善自己，以及从那种状态中脱身，也就是说，女性是被禁止实现"超越"的，所以她们就会希望所有女性都和自己一样，处在同一水平线上。因此，她们会嫉妒其他优秀的同性飞跃这些界限，她们需要将所有女性都平均化，才能确认自己的存在价值。所以她们的妒意才会那么重。在此，科尔本施拉格尖锐地指出：一个女性让另一个女性吃下的"毒苹果"，指的正是这种"嫉妒"。

这虽然是一种心理学上的解释，但有不少女学生认为这种解释很有道理。而且，让她们认识到"神话的内投"这个关键词也很有意义。因为很多女性的内心都"内投"了"公主神话"。

最后，科尔本施拉格表示：如果女性是真正的人，那么她们就应该是多种多样的。要清算女性和"母亲"的关系，清算女性和自己周围的女性之间的关系，无论男性还是女性，都要在真正的友情的基础上，向彼此伸出真诚的手。但要做到这些，就必须将无数世代形成的、忽视弱化女性能力的"社会化"（将自己和既存的社会要求的女性气质以及女性角色分工同化）舍弃掉才行。

因为遭到恶毒继母嫉恨，所以无数次被逼至死亡深渊的白雪公主，她的命运，其实就象征某种社会现实——在男性中心的社会中，很多母亲实际上在阻碍女儿的自主行为。然而，在"这两个人相加才是一个女性"的学生观后感中，某处似乎也悄然存在促使这一必然被斩断的结构（女性的敌人是女性）崩塌的可能。

格林、希特勒、迪士尼

在本章的最后，我想为大家介绍一些比较有个性的研究著述。比如石塚正英的《〈白雪公主〉和恋物信仰》（理想社，1995），阅读这本书时我惊讶地发现：在初版格林童话中，想要杀害白雪公主的竟然是她的亲生母亲。在1819年的第二版中，这个形象才被改成了继母。这一改动非常重要。因为母亲，或者说人，是复杂的、双重的存在。然而，格林兄弟却出于"无益于教育"的目的，将这个恶女改成了继母。当时盛行宣扬德国文化，以及从卢梭到裴斯泰洛齐[1]的所谓18、19世纪前叶的浪漫主义教育思想。石塚认为还要加上达尔文在《物种起源》里首创的"坏物种和好物种"的分割观念。此外，还要再加上对女性的带有性别歧视的分割观念吧。

石塚独创性地提出，纳粹曾利用了格林童话中残酷的、血的惩罚（在格林童话中，白雪公主用烙铁将继母烧死——这种手段其实是杀死邪恶女巫的一种刑罚）。石塚称，纳粹为了宣传自己的思想，曾大量利用格林童话的情节。例如，在第二次世界大战中，纳

1　约翰·海因里希·裴斯泰洛齐（Johann Heinrich Pestalozzi，1746—1827），瑞士教育家，被尊为欧洲"平民教育之父"。

粹曾宣传"《小红帽》里的大灰狼是犹太人，小红帽是德国人，救出小红帽的猎人，就是解放全国民众的阿道夫·希特勒"（《〈白雪姫〉とフェティシュ信仰》，第175页）。

此外，石塚还认为，迪士尼的动画电影《白雪公主》，曾为了配合移民大国——美国的国家秩序的形成，进行了大幅修改。他引用了马克·艾略特《暗黑王子迪士尼》（古贺林幸译，草思社，1994）里的内容，其中提到：迪士尼一家是英国移民，他的家庭属于典型的父权制家庭，有一个严格的父亲和一个温柔的母亲。而格林童话，就是他的母亲讲给他听的。年纪轻轻就开始从事商业动画制作的迪士尼，同时还是一名狂热的反犹太主义者和反共主义者。1940年，日美开战前一年，他正式成为一名向FBI（美国联邦调查局）提供情报的线人。

此外，1944年他还参与成立了反共电影相关者团体"保护美国理想的电影联盟"（MPA）。1937年他公开《白雪公主》时，正值第二次世界大战开战在即、日美开战前不久。据艾略特所述："这部电影的基本主题，就是表现陷入危机的美国社会的心理。白雪公主抵抗恐怖的继母，其实反映了美国国民的恐惧心理。因为当时黑暗的恶势力正威胁着美国，世界大战即将拉开帷幕了。"

也就是说，战胜了一切恶势力、最终复活的白雪公主，其实是保护了美国理想家庭中不朽的"符合理想的家庭女性"。而在战后，日本却高高兴兴地把美国的家电、小汽车，连同这部动画都引进了国内。

美国的格林研究专家杰克·宰普斯在《格林兄弟——从魔法森林迈向现代世界》（铃木晶译，筑摩书房，1991）中如此总结：

> 迪士尼将格林童话"美国化"了。他赞美男性力量那没有一丝污浊的勇猛，劝说温柔乖巧的年轻女孩进入家庭，他让自己作品中那些穿着体面、标准"美国式"的登场人物去做善事，他宣扬一种装模作样、冠冕堂皇的人生……在迪士尼的电影（由迪士尼本人原创并改写成剧本的作品）中，男主角总是身负重任……任何场合下的女主角（虽然存在程度差别），都只会唱着"总有一天，我的王子会来到……"的歌，默默等下去，这些

女主角的特点是"很痛苦、很屠弱、很温柔"……迪士尼赞美那些美国出产的、盎格鲁-撒克逊系白人男性的高洁道德。这种角色，正投射出了他本人想要描绘的有序社会的理想模样。

毋庸置疑，这个理想社会就是父权制的社会。很多学生虽然欣赏这个故事，但同时也注意到了其中潜藏着的意识形态。这告诉我们：不要对媒体传播的内容囫囵吞枣，要客观地去调查"谁""在何时""面向什么人""出于什么目的"去制造这些内容。要看清楚，什么媒体都不是"纯白"的，其背后一定隐藏了政治性、社会性的信息（意义的传达）。学习这些是拥有主体性生活的必要训练。

第四章

阅读《灰姑娘》

接下来，我们观看了《灰姑娘》。我想大家都很熟悉这个故事了：一个女孩被坏心眼的继母和姐姐们欺压，身处逆境。这时，一个善良的魔法师送给她马车和礼服，让她可以参加王子举办的舞会。在舞会上，王子爱上了她。可是到了午夜十二点，魔法就消失了，女孩留下了一只水晶鞋，离开了城堡。于是，王子到处寻找能穿下这只鞋子的女孩，最终发现了灰姑娘，将她带回城堡。最终，灰姑娘和王子结婚了。

诚实的感想

这一次，我也还是先从"最爱灰姑娘"的观后感开始介绍。不过，和一开始相比，大家大多能够比较清晰地写出自己的思考了，而且也十分诚实地写下了她们心中各种各样的迷茫。

这次看了《灰姑娘》之后我学到了，人不能光顾着打扮，还要经历悲伤和欢乐，积累的经验越多，我们越能得到成长。女性在经历成长的同时才能越变越美。我愿意相信这一点，也希望自己能成长为一名有魅力的女性。(S·M)

"内心还是会憧憬"

如果是我，眼前出现了会施魔法的老婆婆，她变出了美丽的礼裙，带我去城堡参加舞会，那我一定会愿意去的。

虽然知道像灰姑娘那样一直等待、祈祷是不行的，不至于全盘接受灰姑娘，可我的内心还是会憧憬她。我想，这可能是在童年时期形成的"印记"导致的吧。

为此我也很是苦恼。（Y·H）

"给女人带来幸福的是男人，给女人带来不幸的是女人"

灰姑娘每天都对自己的继母言听计从。在如此难过的日子里，她依然唱着"就算再辛苦，只要肯相信，梦就一定会实现……"，梦想着幸福的来临。这也是她身为女性会有的心理和行为。我想，这故事就是要告诉我们：对女性来说，只要有一个能够保护自己的人（王子）出现，和自己结婚，就能获得幸福。我想，可能很多女性（包括我自己）都曾经对灰姑娘怀有同感，觉得她的想法是对的吧。

这一次，我注意到一个很有趣的点——包括灰姑娘周围的那些动物在内，所有指引她走向幸福的角色都是男性。另一边，阻止她获得幸福的继母和继母带来的小孩，都是女性。由此可以看出，男性会对美丽且性格很好的女性非常照顾，但女性则会对同性产生憎恶之情。

只有那个会用魔法的老婆婆给我很像妈妈的感觉。（T·R）

"不知道什么才是真正的幸福"

故事最终，灰姑娘也和她的继母还有姐姐们想的一样，认为"对女人来说结婚就能获得所有的幸福"，并且努力去穿上那只水晶鞋。的确，这样的生活是在依赖他人。可是，"究竟什么才是幸福？"，我努力思索后，发现自己也想不明白。不过，我希望自己将来也能结婚，能拥有家庭。因为我觉得自己需要一个"容身之处"。

对我来说，他人的存在也是很有必要的。我想，幸福的婚姻应该不是单方面的寄生，而是两个人一起平等地生存吧。（M·M）

"想要被保护"

如果长得漂亮，性格很好，可爱又很柔弱，王子就会出现，然后和我结婚，从此以后我就可以过上幸福的生活了——小时候的我看过这些电影或者录像之后，一直都这样想。恐怕，我心中早早就植入了一种希望能被别人保护的"心理依赖"吧。

还有神仙教母出现，用魔法让灰姑娘变身为美丽的公主，深深迷住了王子的剧情，我想，这恐怕是所

有女孩永恒的梦想吧。（K·M）

读了这些学生写的观后感，我被深深地打动了。如果邀请我去城堡参加舞会，我恐怕也会去的。虽然明白并非只有结婚才能幸福，但我不知道究竟什么才是真正的幸福。如果希望能有属于自己的"容身之处"，那可能就只有结婚这一个选择了吧？我想，这些感想都是年轻女性真正发自内心的想法。她们认为，只有结了婚，拥有了家庭，才能在社会上拥有自己的"容身之处"。"容身之处"这个词给我留下了很深的印象。这些学生才十八九岁，竟然就已经认为只有家庭才是女性的"容身之处"了吗？世界如此广阔，却为何不能全部属于她们呢？

批判性的感想

接下来，是从批判的角度观察《灰姑娘》的学生写下的观后感。她们非常自由地写下了自己的想法，其中很多内容相当精彩。

"幸福的模样并非只有一种"

我虽然也憧憬着王子，但我还是觉得，能成功做到自己想做的事，这样才更幸福。不同的人心中的幸福是不同的。所以，母亲和孩子也可能有不同的价值观，每个人都有自己的判断，不可以太片面。（M·M·Y）

"一切都由外在的美貌决定"

这个故事中全部的情节都是由外貌决定的。首先，王子对灰姑娘一见钟情，光是和她跳了一段舞就决定要和她结婚。如果灰姑娘是个作恶多端的大坏蛋，王子又该如何是好呢？无论这个人是谁，是什么来头，光是拥有美貌就够了，这是不行的。

继母憎恨灰姑娘的理由是"她比我的女儿们更美"。我不禁会想，她未免也太在意外貌了吧？我觉得从教育的角度看，这个故事也没有什么积极作用。（M·S）

"女主角的条件"

我虽然也很喜欢灰姑娘，但是也明白，那是因为她有美妙的歌声、漂亮的脸蛋，舞也跳得很好，所以才能成功。如果她相貌平平，嗓音一般，不会跳舞，王子也是不会喜欢上她的吧。反之，就算是一个心灵美丽、积极向上的少女，只要她长得不美，王子也是不会注意到她的吧。"一见钟情"乍一听很浪漫，可这其实就是单单以貌取人，对这个人的内心全无了解。

王子只懂豪华的宫殿、美味的食物和漂亮的女人。城堡就是美丽、优越、权力的象征。城堡只允许符合同等条件的人进入。这是不公平的。而灰姑娘能进入城堡的条件，就是她的美貌。这也是成为女主角的条件。（T·R）

"幸福的条件"

这个故事想要传达的讯息是：男人应该有很多钱，女人嫁给多金的男人，过上奢侈的生活，这就叫作幸福。（I·J）

"好浅薄的故事"

看了《灰姑娘》之后我最在意的是：这个故事似乎把"和高大帅气又有钱的男人结婚是最好的"这一点描绘得过于露骨了。而且，这个帅气的王子和美丽的灰姑娘的性格也被描述得太好了。

我想，这样描写应该是为了让观众认为："容貌美丽的人性格也一定很好。"但是，这两者并非相辅相成。说实话，很多人只是外貌出众，性格其实很差。所以，单是凭借外表去判断一个人，这种想法是很危险的。而灰姑娘这个故事却完全忽视了这一点，可以说是相当肤浅了。

我小时候听到、读到这个故事时，曾坚信男性都喜欢漂亮的、身材好的女孩，女性则都喜欢帅气又多金的男人。

让并不美丽的男女主角去呈现一个美好的故事，这样岂不是更好？与其只讲些强调外貌美丽的故事，不如去创作一些展现好的人品、好的生活方式的故事，把它们讲给小孩听，这样才更好吧。（S·A）

"依靠他人的力量"

生得貌美又被所有人喜爱，还迷倒了帅气的王子，迎来一个美好的结局——这可真是太让人羡慕了。可是，一阵开心过后，我突然感到十分愤怒。因为如果没有别人帮忙，她自己其实什么都不会做。（U·H）

"理想女性和差劲女性的范本"

灰姑娘符合男性追求的女性的全部特质。她有漂亮的脸蛋，能像个仆人去做家务，清洗、做饭，家中的一切都可以扔给她。

然而，她的姐姐们却好吃懒做，长相丑陋，心眼也坏。也就是说，男性心中的理想型就是灰姑娘，而他们觉得差劲的女性就是灰姑娘的姐姐们。故事的最后，男人的理想女性获得了幸福。父母们热切地希望自己的女儿是可爱的、能够包揽家务的、未来能够走进幸福婚姻的。所以，这个世界上像灰姑娘一样的"女佣"才会越来越多。

我自己可能也在慢慢变成灰姑娘一样的女性，但是唯有一点我无法接受。

在过去我还小的时候，也曾希望自己未来成为公主，希望自己有一天能遇到王子。然而，一天天长大，我逐渐意识到自己不是公主，也不会遇到王子，魔法师也不会出现在我面前。

我不能接受的是，灰姑娘在舞会结束，魔法失效的时候说"那个（跳舞的）男性也很出色，但我想见的是王子"，然后，她拿出了水晶鞋，称自己就是这鞋子的主人。因为她当时并不知道和自己跳舞的人就是王子，所以这意味着，在灰姑娘心中，就算王子是个讨厌的人也不要紧，只要是王子就好。

而且，魔法都已经失效了，水晶鞋为什么没有消失呢？那双鞋子有什么样的含义呢？我认为，水晶鞋就象征着男性对女性的追求（追求一个能做家务的女佣一般的女性）。（N·R）

"女人的战争"

这个故事，其实是继母、姐姐们和灰姑娘之间的战争。

这场战争的目的，就是和帅气多金的王子结婚。

穿进水晶鞋，也是为了表现自己是多么想和帅气多金的王子结婚。所以，其实灰姑娘和继母并没有什么区别，她们都是痴迷外貌和金钱的人。（K·A）

"父亲干吗去了？"

《灰姑娘》这个故事里的灰姑娘为什么会过得这么惨？我觉得责任在她的父亲身上。如果考虑过灰姑娘的幸福，她的父亲就不该草率再婚了。说不定他是觉得再婚对象是个很有钱的女人，所以才和她结婚？

倡导"只要愿意相信，就能获得幸福"，这其实是很天主教的想法，也是很美式的想法。（G·A）

"灰姑娘的小算盘"

看了《灰姑娘》这个故事后，我的第一感受是：男性靠外貌来评判女性。灰姑娘的姐姐就因为长得丑，所以才被大家厌恶。

灰姑娘也是一样。她虽然和身材高大的男性跳了舞，但因为没见到王子而感到遗憾。这个故事虽然把她描述成一个性格很好、很可怜的女孩，但我觉得她和自己的姐姐、继母一样打着小算盘，试图俘获王子的心。（K·S）

"没有盛装就不会被爱吗？"

这个故事给我带来的最强烈的感受是，为什么必须改变自己来顺应周围的要求？为什么要变成王子喜欢的那种女性呢？过去我就不太理解这一点。王子寻找的是年轻貌美的女性。他是用"美丽"这个条件去寻找女性的。如果灰姑娘长得不美，王子是不会搭理她的。所以她努力勉强自己，把自己弄成和平时不同的样子，就是为了去见王子。而且我们也看得出，灰姑娘很清楚男人是以外貌评判自己的。我觉得这样很空虚、很悲哀。难道就没有其他什么醒目的特质了吗？（S·M）

"任性又很坚持自我主张的灰姑娘"

我之前读过格林童话的《灰姑娘》，但这次是头一回看它的电影。看动画的时候，我有一种连自己也被施了魔法、变成了灰姑娘的感觉。我怀揣期待看下去，可是随着故事发展，我却对这个灰姑娘感到越来越愤怒和惊讶。

首先，我不理解她为什么要那么听继母的话，甘心当个女佣。她多少应该有点反抗的意识，离家出走吧？还是说，因为她的出身，只有愿意忍耐才符合贵族小姐的身份？而且，不离开这个家还能听到城堡举办舞会的消息，运气好的话，说不定自己也能一起去呢。

如果她只是个普通人家的女儿，恐怕做梦都没法参加舞会吧。

我还强烈地觉得，灰姑娘是个特别以自我为中心的女孩。当魔法师为了实现灰姑娘的愿望，为她变出了漂亮的白马和马车时，灰姑娘摆出了一副"那礼服你也想想办法啊！"的样子。感觉她似乎是理所当然地觉得什么事都得别人来帮自己才行。

我想，看了这个故事之后，很多女孩会觉得"只要长成可爱的美人儿，别人就该什么都为自己做"。（U・H）

"有意留下的水晶鞋"

虽然故事里描绘了灰姑娘在楼梯上奔跑时水晶鞋不慎掉下，无奈只好留下这只鞋跑掉的桥段，但其实一切都是灰姑娘算计好的。她一定知道，只要留下点东西，对方一定会拿着来找自己。当王宫里的那些家臣来到灰姑娘家时，灰姑娘的那个笑容就能说明一切。这么看来，还有谁比灰姑娘头脑更好、更有心机呢？（Y・K）

"我们不该说些不负责任的话，比如'梦想一定会实现'之类的"

灰姑娘哭来了魔法师的情节会给小孩带去很不好的影响。这会让她们坚信：只要哭，就会有魔法师出现来帮自己。

"只要相信，梦想一定会实现"这种话是不该说的。

如果最终梦想没能实现，那这毋庸置疑是践踏了孩子的心灵。所以我们不该说些不负责任的话。（Y·K）

"再这么下去是不行的"

看过这部片子后我的感想是：再这么下去是不行的。我希望那些看了灰姑娘的女孩，能或多或少产生一些疑问。虽然这样会让梦想破灭，但那些想成为灰姑娘的女孩，又何时能成为灰姑娘呢？

我不想变成灰姑娘，如果有更多的女性和我有同样的想法，可能公主故事或相关电影会逐渐消失吧。如果以后真有那么一天，那或许就意味着，男性和女性站在了平等的位置上了吧。（N·R）

"所谓等待"

一个人在等待的时候，往往什么都做不了。不过"无论多艰难，也要相信梦想"这一点，灰姑娘是可以做到的。也正因为她愿意相信，所以才可以一直等下去。但是，她却做不到靠自己的能力逃离困难，脱离家庭。她只想着等待幸福到来，却忘了能靠自己的力量去创造出自己期望的处境，不是吗？（N·S）

"如果魔法师没有来"

如果那个魔法师没有来，灰姑娘还能和王子结婚吗？靠她自己的力量，还能得到幸福吗？（N·R）

"其实一切都是梦"

灰姑娘是"出身悲惨的公主故事"中的典型角色。父亲死了，还被两个和继母长得一模一样的姐姐霸凌。

这个故事最大的问题，在于她"坚强隐忍的精神"。她本来应该是最有资格大摇大摆住在自己家的人，却因为自己貌美，就被外貌和内心都很丑陋的继母还有姐姐们嫉妒，于是被逼去当女佣，被逼每天做家务。继母和姐姐们那种逼迫她的手段、态度、用词，都不像是好好待人的样子。可即便如此，灰姑娘却仍旧好似无事发生，情绪稳定。她的承受力为什么会那么强呢？

过了午夜十二点，一切就会恢复原样——这说法很像是从梦里醒来了一样。也就是说，舞会和王子其实都是梦。

动画是一种赋予孩子梦想的商业手段。孩子从中学到的大概就是"只要愿意相信，梦想一定能实现"这一灰姑娘的名言，和"就算醒过来，梦依然美好"这件事吧。（O·M）

"水晶鞋"

这个故事里的关键词，就是"水晶鞋"。它是打开灰姑娘"靠自己去生活的意志"这扇门的钥匙。但是，踏进门的那一瞬间，灰姑娘的人生并没有开始，而是结束了。她被彻底关了进去。乍看这个结局似乎很幸福，但其实因为穿上了水晶鞋，她从此成为一名丧失独立自主能力的女性。（T·R）

"大脚"

为什么她姐姐们的脚都那么大啊？（S·M）

"王子爱的是小脚"

王子并不爱灰姑娘这个人。如果他真的爱灰姑娘，他应该亲自去找她，而不是下令让家臣拿着水晶鞋去找小脚。所以，王子爱的其实只是小脚罢了。

"水晶鞋为什么没有消失？"

这一次观影，我确定了灰姑娘的主题，就是对女性的"性"加以控制。因为这个"水晶鞋"就象征着灰姑娘本人。

我想，大家小时候应该都有过这个疑问吧，那就是"水晶鞋为什么没有消失呢？"。十二点的钟声敲响，灰姑娘离开了舞会后，她的马车变回了南瓜，马儿也变回老鼠。除了"水晶鞋"之外，所有的一切都恢复原状了。这其中的含义是马车（财产）、礼服（外貌）统统比不上"水晶鞋"。"水晶鞋"意味着"纯洁"，它比财产和外貌都更珍贵，是不容任何人侵犯的存在。

水晶鞋是"纯洁"的象征。水晶的透明指代纯洁，鞋子的形状本身是女性性器官的表现。灰姑娘是水晶鞋的所有者，意味着她是纯洁的。要求女性纯洁，这正符合父权制社会的理想，所以灰姑娘才迎来了"幸福"的结局。这个故事是在间接告诉我们：女性要保护好自己的纯洁，要能够吃苦耐劳、爱做家务，这样就能被男性选中，得到幸福的婚姻，人生就算成功了。

水晶鞋并不是没有消失，而是不能消失。因为对男性而言，水晶鞋是不可以消失的象征物。

据说，我们所有人都有"灰姑娘情结"。我觉得这个说法并没有错。但是，我们同时可能还被另一种所谓的"水晶鞋情结"打上了印记。那是一种"只要维持纯洁，只要顺应社会的需求，自己就能得到幸福"的印记。

以父权制的思维加工编写出来的《灰姑娘》童话，蕴含着对女性的"性"加以控制的十足的危险性。（H·K）

最后收录的这篇感想，是一名接受了两年性别文化论课程指导的三年级学生。她熟悉性别用语，也掌握了表征分析的方法，写成了这篇"水晶鞋为什么没有消失？"的感想。"鞋子"是女性性器官的象征，这一点属于常识。水晶易碎，这也是对处女性的隐喻。不过，"透明"是处女性的象征——这种说法迄今为止还没怎么出现过。在有关基督教美术史的图像学中，圣母马利亚的象征是"透明的镜子"。而在16世纪意大利画家帕尔米贾尼诺笔下的《纯洁受胎》(《长颈圣母》)中，也有一个象征物——透明的壶。虽然这名学生也是通过自己之前积累的各种知识去解释《灰姑娘》，但据我所知，已经出版的关于《灰姑娘》的解读中，还没有人做出过这样的解释。所以我认为这是她的独创。将一切解释总结起来看，这个水晶鞋，指的其实就是小巧纯洁的女性性器官。

还有一个让我很震惊的看法，出现在"王子爱的是小脚"的那篇感想中。那篇观后感是一名2001年冬天参加了集中授课的学生写的。我在撰写本书时应该已经把观后感返还给她了，所以手头只剩下复印件，不知道具体是哪一名学生写的。没能在书里标出她的名字，我感到抱歉，也觉得遗憾。等本书出版之后，希望她能主动来告诉我她是谁。

这篇观后感写得很尖锐，给我留下了深刻的印象。灰姑娘不是通过真诚和能力，而是靠肉体的某一特征让男性爱上了自己，获得了幸福——灰姑娘的"鞋子和脚"将社会的这种共同想法表达了出来。这篇观后感冷静尖锐地断言：王子爱的不是某个人，他爱的只是人的躯壳。拥有如此批判力和理性的学生绝对不止她一人。很多女性都是非常认真努力地生活到她们这个年纪（18到20岁）的，在此期间，她们已经品尝到了当下社会对待女性、审视女性的方式为她们带来的痛苦，她们会为此感到矛盾和苦恼。"王子并不爱灰姑娘这个人。"这其实是一句相当苦涩的批判：它指出，男性是凭性方面的喜好去审视女性的，他们并没有把女性当成一个具体的人去看待。

灰姑娘与女性的工作

学生们针对《灰姑娘》写下的具有批判性的观后感都很有个性，不过这些感想大致可以总结成以下四个方面：

第一，批判王子之所以会爱上灰姑娘，并不是因为她这个人的人品有多好，而是爱上了她美丽的皮囊和服装等外表。

第二，批判灰姑娘想和一个身份高贵、外表好看的男性结婚，让自己跻身上流社会的这种思想。因为这说明她和她继母还有姐姐们有着相同的价值观。

第三，批判灰姑娘的被动特点，认为她自己不愿意做出任何努力，总是将一切都交给他人去做。

第四，批判她的懦弱，甘愿忍耐屈辱去做一名女佣。

这里面比较有特点的，是把灰姑娘看作"女佣"这一类的批评。

马多娜·科尔本施拉格在她的著作《吻别睡美人》的《灰姑娘与女性的工作》一章中提到，灰姑娘被自己的继母和姐姐们逼着拼命干活，成了一个围着厨房团团转的女佣。但是，这种"带有从属意义、毫无愉悦感的工作"正是这个故事的主题。在科尔本施拉格看来，灰姑娘毫无愉悦感地忍受着艰苦的劳动，这其实就和很多女性被洗脑"要忍耐辅助性的工作，要去服务、去奉献"的状态一样。很多女性都被"服务他人是女性的天职"这个观念洗脑了。在这个故事里，灰姑娘是心甘情愿做女佣，去伺候她的继母和姐姐们的。同时，她还相信自己总有一天会通过魔法得到自由，并且会有一名男性来拯救自己。这种状态和那些天天净是做辅助工作的女白领一样。

然而，就像其中一名学生写的，灰姑娘是绝对不会靠自己的力量去改变命运的。科尔本施拉格分析道："这就和很多女性讨厌承担风险，更倾向于等待着被挑选，害怕面对未知，也害怕成功的心理一样。"灰姑娘也是众多无法主动改善自身状况、折断了翅膀的女性的代表。类似这种成为"辅助劳动者""服务业者"的心理，已经深深扎根于女性的内心。可即便如此，对她们来说，这样也仍旧比为改变命运而行动起来要更轻松。她们唯一对命运的开拓就是被男性挑选、被男性发现、被男性命令。而这样的女性，正是故事里女主角的样子。因为这种女性对男性来说太"方便"了。而对始终希望自己能"从属于某人"的女性来说，《灰姑娘》也的确是个理想的童话故事了。

英国作家安吉拉·卡特在她的著作《灰姑娘或是母亲的灵魂》(富士川义之、兼武道子译，筑摩书房，2000)中，给出了一些别具一格的批评。这位作家尤以对童话的解读和再解释闻名。她对《灰姑娘》的解读，视角十分新颖，也极富启发性。

书中，安吉拉首先关注到的是故事中灰姑娘的两个姐姐。她们两个都太想嫁给王子了，于是就把自己的大脚削掉了一部分（然而这种血腥场面在动画中是被删掉了的）。这两个女孩其实就是所有"会去掉身体的某一部分"，也就是"努力改变自己身体的形状，好让自己能塞进某种模子里"的女性的象征。

我立即联想到了过去中国的缠足，还有一部分伊斯兰教国家至今仍在延续的"幼女割礼"，以及西方一直保持到近代的束腰。虽然稍有改善，但仍旧被很多女性穿在脚上的高跟鞋，以及一些又窄又紧的裙子。这些东西虽然没有实际"去掉某个部分"或者"让身体变形"，但仍让人感到痛苦。为了能得到"王子"的欢心，女性自然而然地让自己的身体变形，并且忍耐着变形的痛苦。一些非常痛苦的减肥行为也位列其中。

安吉拉接下来注意到的是，灰姑娘已经去世的母亲。这位母亲虽然已经去世，却和自己丈夫续弦的妻子，也就是灰姑娘的继母敌对，始终在暗处默默守护着灰姑娘。在格林兄弟和贝洛笔下，灰姑娘的父亲都被描述成"某个富裕的男性",看样子是和宫廷有些关系的人物。

那么我们就掌握了这样一则信息:《灰姑娘》讲的其实是两组女性围绕两名男性展开争夺的故事。两组女性是灰姑娘和她生母的灵魂、继母和她的两个女儿。两名男性则是"死去的富裕男性"和"王子"。

最初的战斗是围绕"父亲"的遗产打响的。继母给贝拉起了个"灰姑娘"的绰号。也就是说,她真正的姓名已经被继母夺走。她被继母赶出自己的卧室,被赶去厨房睡觉,像个女佣拼命劳动。继母由此顺理成章让自己的两个女儿成为这个家的财产继承人。

和写下观后感的某名学生一样,安吉拉也提到了"父亲的缺席"。父亲什么都没有注意到。为了符合被女性"争夺"的形象,他在抽象和具象层面都是"不存在"的。如果父亲没有缺席,灰姑娘恐怕就不会这么不幸了。对这名父亲来说,继母是他新的妻子,所以能保护灰姑娘的就只剩下死去母亲的灵魂了。

格林兄弟写到了这样一个情节:父亲出门旅行时,答应三个女儿会给她们带回她们想要的特产。当时,灰姑娘说想要榛树的树枝。而榛树正是种在她死去的母亲坟上的树。代表母亲灵魂的斑鸠飞到了榛树上，前来帮助灰姑娘。实际上，在《格林童话》里，赐予灰姑娘金色的衣装，让她能够参加舞会的，全都是这棵树和小鸟们。还有，看到灰姑娘的姐姐们削去自己的脚跟穿上水晶鞋前往城堡，大喊"她的鞋里全是血！"的，也是一只斑鸠。也就是说，根据安吉拉的观点，在《格林童话》原本的故事中，《灰姑娘》讲的其实是一个丈夫被人夺走的妻子死后化作魂灵保护女儿，并战胜了续弦的妻子和她的孩子们，最后将自己的女儿送上枝头变凤凰的故事。

　　动画作为现代大众媒体，会站在公共的立场上，为保护青少年的精神卫生而去除故事里的暴力、色情元素。所以动画的内容就和格林、贝洛的原作（虽然严格意义上他们的作品也并非原作）有很大的不同。因此，作为集体意志的表征，该故事表达的含义就变得比较模糊了，但基本的逻辑是没有变的。

　　《格林童话》中，死去母亲的灵魂帮助灰姑娘和王子结了婚，获得了胜利。想尽一切办法也要让女儿飞上枝头变凤凰——这么想的母亲在现代依旧大有人在，所以这个故事看上去也并不过时。再加上女性们分成两派，围绕有地位、有财产的男性展开争夺——这种修罗场的戏码也并不少见。但是，动画并没有强调这一点。两者想要传达的共同信息，有以下三条：

○他律性的女性的人生蓝图——等待理想的男性，和他结婚，得到他的地位和财产。这就是女性的"幸福"。

○提升社会地位的愿望——和更高阶级的男性结婚，这样能让地位低的女性实现阶级跨越。这就是女性的"成功"。

○能够获得幸福的女性的条件：

·白皮肤、红嘴唇、黑头发。

·小脚。

·孤儿（可怜、境况凄惨），能让男人认识到在这样的女性面前，自己可以保护她，且有优越性。

·勤劳能干——非常能做家务。

·乖巧、顺从、开朗、温柔，拥有这些性格就能赢得胜利。

如此看来，灰姑娘的故事，讲的就是女性想要成功就要获得地位更高的男性的爱，得到他的保护。对男性来说，去保护、拯救柔弱的女性，给她幸福，这就是理想的男女关系。折磨女性的，都是"邪恶的女性"，能够将女性从恶女的蹂躏中拯救出来的，永远是男性。在这一点上，《灰姑娘》和《白雪公主》基本没有区别。所以，女性会从这样的故事里，获得"女孩要让自己的外貌更美，要温柔顺从，要足够可爱，这样我们的人生才能获得成功与幸福"的印记。

学生们打从心底对这种"美丽的女佣""飞上枝头变凤凰"的故事感到反胃。再看一看她们写下的那四个方面的总结批判，就能推断出她们渴望的爱是什么样的。

第一，不要只凭外表和身体的美丽去爱一个人，要去爱一个人的整体。不能忍受被当成某个有性意味的物件（比如：小脚）。

第二，不想凭外貌和身份高贵这种标准去爱一个人，想爱的是作为人本身让我欣赏的人。

第三，想靠自己的力量改变命运。

第四，不想做女佣。

科莉特·道林的《灰姑娘情结》出版至今已有 20 年。年轻女性的意识正在一点点产生变化，这也是理所当然的。

第五章

阅读《睡美人》

那么，到了最后一部动画电影了，虽然我的课程还没有结束——除了这几部动画之外，我还为学生们放映了更多其他的动画电影，不过本书只收录到《睡美人》为止。

《睡美人》的故事梗概如下：

一个小公主出生了。某个未被邀请参加宴席的精灵（一说仙女）预言，公主会在16岁那年去世。然而，获得邀请的精灵（仙女）将这个死咒改成了百年的"沉睡"。正如预言所示，公主在16岁那年被纺锤扎到了手指，陷入沉睡。而整个宫殿也都一同陷入了沉睡。百年之后，冲破荆棘进入城堡的王子，被公主的美貌深深迷住，吻了她。于是，公主从沉睡中苏醒，最终和王子结婚了。

这个故事的主要元素可以总结为以下几点：

○ 常年无法怀孕，好不容易产下一个美丽的女孩。

○ 被遗忘的神、精灵，嫉妒心极深的女王。

○ 复仇的诅咒。

○ 招致死亡的纺锤，正值青春期被纺锤刺伤。

○ 百年的沉睡，善良精灵的处理方式。

○ 无法穿越的荆棘之路。

○ 整个王国全部陷入沉睡。

○ 拯救睡美人和整个王国的王子出现。

○ 王子的吻唤醒了睡美人。

在前文介绍过的片木智年的《贝洛童话的女主角们》一书中曾谈到：虽然这部作品是贝洛所写，但在他之前，已经有14世纪法国中世纪文学《佩塞福雷传奇》，还有在那之后不久的加泰罗尼亚语韵文，以及17世纪上半叶意大利人巴西耳所作《五日谈》中《太阳、月亮、塔利亚》的故事，这些故事都是它的前身。在更早些的故事中，都有公主沉睡时，王子深爱她并侵犯她，导致公主怀孕并生下了孩子的内容。

这个情节也是相当富有深意。片木引用了马克·索里亚诺的分析，认为这个情节是"处女成为母亲，也即圣母"的暗喻（Marc Soriano, *Les Contes de Perrault*, Edition revue et corrigée, Gallimard, 1977, p.26）。因为圣母就是在对一切一无所知，而且没有主动去做任何事的情况下受孕的。不过，从另一个角度看，我们会发现它同时也是一个单方面遭到强奸的故事。"沉睡"，也就是对性没有切实理解的女孩被动地、单方面地成为男性的性对象。这个故事正铭刻了这样一段历史。而且，在原作中，国王的正妻还因为嫉妒睡美人，于是试图将她生下的孩子弄死，可以说为这个故事更增添了一层悬疑感。

这样的公主故事在中世纪萌生，到了当今社会又被大众传媒消费。在此期间，故事内容也在不断改变。我对这个变化的过程很感兴趣。不过，目前我比较在意的是现在生产和消费的这版内容，以及它要传达的意思。

时间啊，停下吧！

性别学奠基人、哲学家波伏瓦在她的著作《第二性》（新潮文库，2001）中如此评价《白雪公主》："《睡美人》《灰姑娘》《白雪公主》，讲的都是女人要接受、女人要服从。无论是在歌中还是在故事里，男人会为了追求美丽的公主而踏上冒险的旅程。虽然他们打倒了恶龙和巨人，但女人被关在高塔、宫殿、庭院、洞窟中，被绑在岩壁上，成为囚徒。她们只会沉睡，只会等待。"

在波伏瓦看来，女主角的"沉睡"象征了女性的被动。此外，布鲁诺·贝特尔海姆在其著作《传说的魔力》（波多野完治、乾侑美子译，评论社，1978）中如此写道：

"无论是躺在水晶棺中的白雪公主，还是躺在床上的'睡美人'，都象征着一个祈祷自己永远年轻、永远完整的青春期的梦想。也就是说，她们正在做梦。从最初被宣布死亡的诅咒变成了漫长的沉睡，这种变更也意味着，死亡和漫长的沉睡之间并无太大区别。变化和发展不可期望，她们只能深陷死亡和沉睡。在沉睡中，女主角的美貌虽然被冻结了，但那无非是一种孤独的自恋罢了。沉迷于排斥外界的自我陶醉虽不再有苦恼，但取而代之的是，她将不再能够获得知识，也不再能够获取各种情感的经验。"

这篇文章切中肯綮，非常准确地讲出了那些为永远留住年轻和美貌，希望时间停止的女性的愿望。在命中注定的那个人出现之前，只要守住自己的美貌，活在孤独的自我陶醉中，对着镜子一心沉浸在"美貌"里，不再获得知识，也不再对参与社会活动有任何兴趣就好。看样子，如此"沉睡"的少女可不在少数啊！

马多娜·科尔本施拉格在她的著作《吻别睡美人》中写道：

"从心理学层面讲，这个故事是一个寓言故事，它用比较好懂的方式，讲述了青春期的开始，以及直面'性'。

"沉睡是面对青春期的各种不安产生的自我陶醉式的倒退。这个故事告诉我们：如果无法和他者产生积极的关联，就会陷入一种等同于社会性死亡般的昏睡状态。"

然而，"贝洛和格林的版本却把沉睡当成了力量积蓄的方式,把这种状态理想化成为了和宿命中的'他人'缔结独占关系所需的、安静的准备时间"。

"睡美人首先象征的就是'被动性'。进一步解释,就是女性的精神状态的隐喻。即在男性中心的社会中,女性的自我和自我超越(超越自己目前所处的状态,采取行动,去实现自己真正的渴望)的分割,以及实现自我和伦理性的决策能力的分割。

"然而,这个故事中还有一层'不死鸟'般的含义。那就是女性的'觉醒',以及唤醒其精神成熟的、强有力的象征。"

马多娜·科尔本施拉格在这段文字中显露了她理想主义者的身份。因为她将"觉醒后"的女性之国,解释成和"神的王国"相似的、理想的王国。这种说法我个人并不太喜欢。我是一个民主主义者,很难住在"王国"中。

然而,这番解读是很深刻的。进入青春期,开始期待遇到一个男性,开启新的人生,为了等待,做好了各种各样的准备(甚至去减肥瘦身)。这时候女性明明有很多要为自己做的工作,却将自己全部的能量都花在了等待和对身体的各种装扮上。这些年轻女性或许正像科尔本施拉格说的那样，都是"绝不会觉醒的睡美人"吧。接下来我们就看看学生们的想法吧。

学生们诚实的感想

　　女大学生们是怎么看《睡美人》的呢？写下如下感想的学生格外多：睡美人的礼服和美貌、浪漫的故事情节、在森林中和王子相遇、王子不知道她的身份却为她着迷的爱情、可爱又调皮的妖精……看到王子为了公主努力战斗，观众也不由得产生一种想成为公主、想被深爱的感觉。可以说，这是一个理想的、出色的故事。沉睡时发生了那么精彩的事情，醒来后眼前就是王子。这个情节恐怕要比其他任何故事都更能够打动年轻女性们的心。

"永远的爱"

　　"总有一天王子会出现"，这是女孩们永远的梦。从赋予孩子们梦想这一点上看，这部作品真的很优秀。（O·A）

"等待就是女人的幸福……可是……"

我特别喜欢这个在沉睡的时候王子来到身边的故事。

但是，这个故事一边让观众觉得，对女性来说等待就是幸福，同时它又强调：男性要去帮助公主，去改变她的命运。可以说，这个故事让男性体会到了使命感。从这一点看，这个故事容易让男性有种女性比自己更弱小的感觉，从而进一步导致性别歧视。（I·R）

"我赞同这个梦"

和王子结婚是女孩们永恒的期望，即便长大成人，这个愿望也不会改变。而且，我们也不愿相信这是一个虚构的梦。

公主不但外貌美丽，她的内心也很美，所以才会被爱。也就是说，如果心灵美好，外貌也会变美，不是吗？

公主虽然陷入了漫长的沉睡，但是，在睡梦中，她也一定拥有了属于她自己的一些体验吧。

虽然可以工作的人生很棒，但并不是所有人都能过上这样的人生。所以，那其实也是一种被憧憬的人

生吧。现实就是和任何梦想都不同。因为我们每个人都有属于自己的人生。（N·R）

"在漫长的岁月中等待着"

历经百年的漫长岁月，醒来时，眼前就是英俊帅气的王子。

我想，这可以说是对我们这个时代的女性的一个教诲：一定要一动不动等待和那个命中注定的人相遇啊。想遇到一个有钱又帅气、温柔又很勇敢的人，或许只能充满耐心地一直等下去——这样的人可能很难出现吧。（K·M）

"受到了公主故事的影响"

从小时候起，我就觉得这个故事特别浪漫。

在和朋友聊天时偶尔谈到"好想交男朋友啊"这个话题，就会有人说"没关系啊！因为王子会骑着白马来接我们的啦！"。我们能很自然地说出这些话，应该也是受到了从小看的那些"公主故事"的影响吧。通过此次课程我才认识到，对女性来说，公主的存在竟然如此重要。（U·H）

学生们略带批判的感想

"公主出生时得到的馈赠和男孩并不相同"

在公主出生时，为什么那些妖精不送她智慧和力量呢？这是不是因为"女性只要美丽就好"的思想早已根深蒂固呢？如果是王子出生，妖精应该就会把"智慧""力量"等生命中极为重要的东西赠予他了吧？如此想来，这个故事在一开始就灌输了这样的观念：公主是无法独立生活下去的，她必须被什么人爱着才能活下去。（N·S）

"因为妖精的馈赠，公主成了毫无个性的美女"

妖精送给公主的是"美貌""好嗓音"。这个美貌和好嗓音，从男性的角度看，就是完美的女性形象。而得到了妖精如上馈赠的公主，则获得了美丽的容貌这一属于女人的武器。但如果从一开始就没有送给她这些，她是不是有可能发展出更多不同凡响的特质，拥有更多不同的生活方式呢？

我觉得，睡美人和很多被家长逼着遵从他们的嗜好、思维去学习，由家长去决定一切的小孩很像。进入某一时期的女性，无论她们美丽与否，都开始很淑女地等待了起来（除了在让自己变得更美这方面加倍努力）。

我觉得，女性就算不把美貌当成武器，也能以更为独特的个性在这个世界上寻找到属于自己的生活方式。而且，我也希望大家能够做到这些。（I·A）

"好好记住这个国家的人种和国名"

皮肤雪白，金色头发。人种特征不详。

故事一开头应该把国名写清楚。因为我们都是黄种人啊。（G·A）

这个学生指出了"发色"的特征，可以说是直接触及了非常重要的一点。说起来，迪士尼动画中的女主角都是"白人"，都是金发。众所周知，这也是一道对女性所下的咒缚——白皮金发就是"美的典型"。纽约的心理咨询师丽塔·弗里德曼在她的著作《美貌的神话》（原名《受缚之美》，常田景子译，新宿书房，1994）中提到，她接受了很多因为长得不够漂亮而深陷苦恼的女性的咨询，她写下了这样一段话：

"精神是做不到在那么长的时间里都保持一张白纸的状态的。所以这种理想化了的女性美的印象就被深深印记在了她们心里。在美国的文化中,这个印象就是以白人为典型的。童话中的公主们,还有美国的选美小姐,她们统统都是白人。这种关于美的典型,对白人以外的女性来说无疑是最沉重的包袱,是格外的负担。她们一直被洗脑:对女性来说,美丽是不可或缺的。于是,她们开始探寻起了美这种东西。然而,她们发现自己似乎永远也无法得到这种东西。自己笑起来、咧起嘴巴时嘴唇太厚,眼皮不够好看,头发不是那种能在风中轻柔飘动的模样,皮肤也不会闪耀着玫瑰色的光。

"外貌至上主义和性别歧视、种族歧视是一样的,那些不被主流欢迎的人就会被排除在外。这三点结合在一起,给并非白人的女性扣上了三重罪过,打上了不符合三重要求的烙印。"(第50—51页)

这篇文章讲述了美国的黑人女性在"美"这一方面遭受的歧视。但同样的歧视也发生在我们亚洲人身上。日本人的肤色平均都在向白人的肤色靠近,她们拼命让自己变得"更白"一些。美白化妆品的存在仿佛也在威胁她们：必须白。然后就是把头发变成金色、茶色。虽然她们没有注意到，但是她们的审美，其实是被嵌入了以白人为主角的动画，或白人模特带来的"咒缚之美"的形态中。

"女性的命运早已被定好了"

我认为妖精和女巫都是"命运已经被决定好了"的象征。（N·S）

"女人的敌人是女人"

我认为这个故事非常脱离现实，但是它里面也包含一些实际可能发生的部分。比如：女人（公主）的敌人是女人（女巫）。现实世界中同样也存在女人之间的角斗。女人在大部分时候都很安静，但有时又会突然显露出恐怖的模样，这也的确是事实。

关于被纺锤扎手指这个细节

那么，关于公主在 16 岁那年纺线时，被纺锤扎到了手指于是死去（沉睡）这一事件，也有一些学生指出，它自然是具有"性"意味的。首先，纺锤无疑指的就是男性的性器官，而出血则无疑是处女身份的丧失。

问题是，那个让16岁的少女被男性夺去了处女身份然后死亡的诅咒，是一个女巫下的。这一事件首先属于一起暴行，它必然是一场强奸。而这类事件，在中世纪、近代乃至现代，都不断侵扰着年轻女孩的安全。然而妖精却救了公主，将死亡改成了沉睡。这个情节是想表达什么呢？一些学生是这么理解的：

"失败的性体验以及反思"

招来死亡的"纺锤"，在青春期扎破了女孩的手指。我想，这或许意味着一场失败的性体验。什么都不知道的公主在好奇心的驱使下爬上了楼梯。随后，她碰到了纺锤，也就是男性的性器官，受了伤。这个情节似乎在劝导我们：经历最初的性体验时，不要慌张焦急，否则必然会发生意外。（中略）随后公主陷入长眠，布满荆棘的森林将整个城堡吞没。这似乎意味着犯下罪行后的反省和潜伏。（K·M）

"要是教育公主别被纺锤刺到呢？"

在这个情况下，与其说是睡美人自己出了问题，倒不如说是睡美人的父亲，或者说是教育她的人有问题，不是吗？与其把全国的纺锤都收起来，倒不如好好教育公主什么是危险的事吧？让她去森林里和其他人一起住才比较危险呢。

放在当下的教育中也是一样。性方面的东西基本被藏起来不谈，这对当下的小孩来说其实是很危险的。无论是学校还是家庭的教育，都不谈及性方面的教育。等到了性成熟的年纪，这些孩子会变得没有任何主见，不是吗？没有相关的知识，就不会产生思考，也不会采取行动，所以只能仰赖肉体。如果把被男人爱当成人生的全部，那如果那个男人不再爱自己，人生岂不是一片虚无了吗？（I·J）

这个解读真的非常尖锐。它抓住了一个问题：在动画故事中，双亲为了保住公主的性命，将危险的东西——所有的纺锤都收了起来，而且还把少女"藏"进了森林深处。这个情节是在暗喻那种将少女"藏入深闺"的教育方法。他们教育公主：性是可怕的东西，是危险的东西，并且将这种危险屏蔽掉了。也就是说，他们没对公主进行任何性教育。然而，这些做法最终都没有奏效。岂止如此，公主还因为被深藏起来而丧命了。因为她根本不知道那个宿命般的纺锤是有危险的。因为没有人教过她任何性知识，所以当性的危机向自己袭来，她也没能抵挡伤害。双亲没有教育她去挑战自己的"命运"，没有教育她保护自己的身体。

如果教会她如何挑战命运，如果她很好地接受了性的相关教育，如果教会她如何保护自己，那她就会变成一个"没有女性气质"的女人。而拥有女性气质的人，应该是无知的，是需要永远被男人守护的。如果一个女人不是"拥有女性气质"的柔弱之人，那男人也无法因此感受到自己是拥有男性气质的强大男人了。这样一来，"秩序"就将崩塌。

因为毫无准备而导致的事故或体验，会给少女带去致命的伤害，她们会沉浸在受伤感、罪恶感，还有自我厌恶中。想要从这样的谷底爬上来是相当困难的。所以少女选择"遗忘"，选择告诉自己"什么都没发生过"，让自己的记忆彻底沉睡。

对性暴力感到的憎恶，不，是愤怒，深深铭刻在我们所有女性教育者心底。做大学教师这么多年，我看到了无数少女被罪行所伤，而那些伤害会在她们成人后，在某个出人意料的时刻突然喷薄而出，将她们的整个人生都毁灭。教师是有保密义务的，这一点和精神科医生一样。然而，我们要更多地发声，去说出那些为满足自己的欲望而牺牲了无数少女的、这世界上数不胜数的男性犯下的历史罪行。而且，还要教育这些少女们，该如何去战斗，如何心存戒备，如何形成防御，如何主张自我。

在对一切一无所知的情况下，刹那间成为欲望牺牲品的少女们，她们失去了人格和尊严，乃至一切。很多女性长期被一些令人生不如死的心理疾病所折磨。其中不少人甚至选择了自杀。所以，性暴力是一种等同于杀人的犯罪行为。

只要我们的社会还是男性中心的社会，我们的文化还是对男性的性暴力特性基本持肯定态度的文化，那这样的性犯罪就绝不可能消失。

在这种男性中心的社会中，文化和教育全部都是以男性为中心的。社会并不会教育男性"绝对不能暴力侵犯女性"。只有女孩才会被教育"独自走在森林里会被袭击"，被教育"男人是狼"。可是，到了男人这边，他们却没有受过"人不能做狼"的教育。女性也是拥有人的尊严和权利的、独立的存在，男女的性关系，是要建立在平等的人际关系基础之上的。必须让大家接受这样的教育，或者不如说，是必须让男孩知道这一点。

最近，面向小学生和幼儿的性教育——性别自由教育，被很多周刊杂志铺天盖地地批判。这些批评主要有"性教育对五岁的孩子来说太早了""太露骨了"，等等。但是，这些人能制止那些对五岁的孩子施加暴行的人吗？能对他们说"还太早了"吗？他们知道每年有多少孩子是因为无知，才成为受害者的吗？而且，一方面，应该承担教育责任的教育者不再从科学的角度对孩子进行性教育；另一方面，暴力的性文化却席卷大街小巷，充斥电视和游戏。无视女性的人格，仅将她们当成是性对象的文化肆虐。当男孩长大成人时，那些陈旧的女性观念早已根植在他们的头脑中了。

与此同时，始终无知、没有任何防备地"沉睡着"受到伤害的女孩们，抹去了自己的记忆和意识。她们只能一直沉睡，等待有一天，那个保护自己、让自己免受一切危险和不幸侵扰的丈夫出现，打破层层荆棘，找到自己。

"已经不会再被伤害了"

王子前去寻找正在沉睡的公主——这是女孩们永远的憧憬。我能从中感受到真实的爱，毕竟其间历经了百年的岁月。

"已经没有什么能失去的了"这种想法，正是少女追求的真实的爱。

"已经不会再被伤害了"这种想法，也正符合这个幸福的结局。（K·M）

心怀公主情结的其实是男性

"是男孩的问题"

之前我一直没有意识到，男孩们可能也会照着长发飘飘、端庄文静、身段优美的公主去描绘自己理想的女性形象。我想，很多女性为此也吃了不少苦吧。（Y·K）

"男性的公主形象"

男性会靠外貌判断女性，也是因为男性看了讲公主故事的动画，在头脑里描绘了"公主形象"吧。所以，女性为了吸引男性的目光，拼命打理着自己的外貌。我想，一切的原点可能就在这里。

像整形美人一样完美的美女、"公主＝美女"这种固定观念不可取。

还有高贵、端庄，这个也不太行。我觉得偶尔也得有点坚强刚毅的公主。那些被"漂亮端庄"的女性理想形象玩弄于股掌的女孩真的很可怜。（Y）

"身份不同"

男性对结婚对象提出的条件是"美貌"，但不问阶级。

可是公主不会和下层男性结婚。只要钓到金龟婿就能过得幸福，女性是被供养的那一方——只要这种想法还存在，那就只有王子才能和身份低贱的人结婚，公主却不行。（N·S）

公主和王子之间的不对等

"对女孩的教育——'不能走太远'"

王子和公主的人生很不对等。公主对真相一无所知，就那么被藏在森林深处的小屋里，还被叮嘱"不能走太远"，被妖精们保护着，整天活得小心翼翼。而王子虽然在山上遭到追捕，却得到了武器，听到"你要靠自己去克服无数的困难，去战胜女巫吧"的鼓励，还获得了指南针，从而找到了去城堡的路。暂停的公主，前进的王子。这两者之间的差距实在是太明显了。（A）

"公主啊，靠自己觉醒过来吧"

我感受到了"男孩就必须要强大"的偏见。男孩要强大，要保护女孩（免受战斗侵扰），这是一种男女歧视。因为这种歧视，男性必须比女性更强，所以女性也就必须服从男性。要是能添加一个睡美人想办法自己醒来的桥段就好了，男女之间互相帮助是很重要的。（M·M·S）

"父权制"

动画中，讲述者在故事开头说到"期望王子和公主结婚，两国缔结盟好"。我认为，这是对父权制社会的一种巧妙的表现。在公主16岁生日时，两国的国王互斟美酒说着"王子和公主结婚，就能国泰民安了"。从这个细节能看出，重点是维护王室和国家的安泰。而且两个国王甚至还聊到了孙子。国王在本该说"出色的新娘"时却说成了"出色的母亲"，还被侍从提醒"是新娘"。

结了婚，迎来了好结局，并不意味着他们是幸福的，他们的婚姻只是守住了血统，延续了血脉，保证了国家的安泰。（I·S）

"《睡美人》的问题"

和《白雪公主》一样，《睡美人》的思维也还是从"女性比男性更低劣"的根源出发的。还有，女性要由男性来决定自己的人生，这个地方也很有问题。（中略）其中可能也有一些人一生都是被动的，但又很幸福吧。但是，应该告诉大家，那种生活方式只不过是众多生活方式中的一种。不然的话，所有女性从幼年起就都会被无意识地印记上"要靠男性决定自己的人生,要被动地度过一生,这样才最幸福"的观念。我认为,这种类型的印记或多或少影响了女性的自立。(N·S)

"永远保持沉睡是危险的"

实际上,所有女性应该都梦想过某一天会有一个帅气的王子来迎接自己,并且也曾等待过王子的出现吧。但在现实生活中,理想的王子是不会来接我们的。所以,就只能一直沉睡。可是,这样做实在是太危险了,简直不可理喻。

小时候我也曾梦想成为公主,等着王子迎接我的那一天到来。但是不知从何时起,这个想法就被我丢掉了。肯定是因为我已经知道了,这种邂逅在现实生活中是不会遇到的。而且我也不是公主那样的出身。不过我觉得这样更适合我,我没有受到任何限制,按照自己的意愿成长,我凭自己的判断决定我的人生。我不想像公主一样只知道等待,我希望能靠自己去找寻自己"命运的邂逅"。(N·S·T)

"梦做得太离谱了！"

睡了一百年，头发肯定很臭，衣服又一直没洗。王子在一百年后吻公主，不会因为公主太臭下不去口吗？（笑）

……而且，我觉得这个世界大概根本不存在像王子那样帅气的人。童话总是让我们做一些过分离谱的梦啊！

我以前其实也挺喜欢那种童话的，而且一直相信帅气王子的存在。但活到18岁，像王子那样的人我一次都没见到过。我感觉那个童话背叛了我，觉得好震惊，也非常愤怒。（S·A）

"好有能耐的公主"

我觉得这个公主好厉害。她只是睡觉就把王子征服了。真想问问她"你是做什么工作的啊"。（I·M）

"公主故事里的主角是王子"

很多"公主故事"的名字都显示它的主角是女性，但是看看它们的内容就会发现，这些故事真正的主角其实是王子。

这个故事，讲的其实就是"勇敢英俊的王子救出了受到女巫诅咒、陷入沉睡的公主"。换个说法就是"如果王子没有出现，公主就不会得救"。也就是说，公主就像平安时代那种处于"走婚"形式[1]的女性一样，始终是"等待"的一方。这个故事证明，这个制度本身就是将男性放在优位，让女性的身份比男性更低。而等待王子帮助自己的公主是"弱势"，是"单凭自己什么都做不到"的女性。

三个故事，最终结局全都是结婚。可是在现实生活中，结婚之后才比较辛苦。不展示那辛苦的一面，这也是男性的策略。不把婚后的育儿、家务展示出来，光是强调"如何能把美女搞到手"的欺骗性故事，一想到这一层，我就觉得很不舒服。（Y·N）

"女性的命运"

因为命运已经被决定好了，所以没有任何办法——这种洗脑教育真的正确吗？（U·T）

1　结婚后夫妇不同居，由丈夫或妻子走访对方的居所的一种婚姻形态。

女性的人生靠男性决定，我觉得这个说法很怪。这样一来，男性就掌握了全部的决定权。这既不符合人权，也不符合男女平等。和多金的王子结婚，就能不吃贫穷的苦，毫无顾虑地生活。然而，最后的最后，把一切都交给王子的生活方式，其实就是一切都顺从王子的生活方式。这样的话，女人一生都无法得到身体的、心灵的自由。（S·A）

"'可以永远幸福地生活下去'——那反倒是一种'不幸'"

公主自出生后，远离世俗，完全不知道有其他男性的存在，和第一次相遇的王子坠入爱河。王子用一个吻解开了她的诅咒，而她就完全顺应出生时被决定好的命运生活下去——这就是过去的女性们的故事。时代更迭，现代社会更重视的是：男女无所谓性别，都是作为一个独立的人生活。虽然也有没能实现的部分，但是大家都开始渴望能凭自己的选择去度过自己的人生了。

故事在"公主和王子永远幸福地生活了下去"这句话中落下帷幕。但那种"幸福"只不过是属于过去

那个时代的幸福。在如今这个时代，这种幸福变成了一种虚无的东西，甚至可以说，它反倒会让我们感到不幸。（M·M）

"不安的人生"

我们女性一直接受的教育就是：睡美人那样的人生才是最幸福的。而且还被强迫着去选择那样的生活。女性从出生起就被要求要"美丽"，只要拥有美貌，未来就一片光明，反之，如果长得不美，那这个女性的未来就是一片黑暗。她的父母会哀叹：长成这样肯定没人肯娶她了。找到一个好男人将是女人最大的幸福。为了达到这个目的，她们拼命地锻炼自己。而这种锻炼并不是在提升内在，她们把全部精力都花在了看上去更美、更年轻上……如果人生的终点就是婚姻，那是不是可以说，一个结了婚的女性，她的人生已经结束了？

所谓人生，难道不应该是去完成自身使命的一个过程吗？而所谓幸福，则不过是在我们自己可以接受、感到满足的一种生活方式中构筑起来的东西罢了。它并不是由别人赠予我们的。如果把我们自身"命运的绳索"交到了男人手上，那我们每天恐怕都要惴惴不安吧？因为，说不定哪天这个男人就把绳子剪断了呢？所以，女性才会将自己的一切都献给男性，拼命想办法把自己绑在男性身上。没有什么比把自己的命交到别人手上更不稳妥的事了。为了保护我们自己，要花费无数年月，把保命的绳索编得越粗越好。而且，为了不让它断掉，我们需要亲手固定它，这样才能安心。

在《睡美人》的描绘中，结婚对所有女性来说都是无上的喜悦，它让女性人人都梦想着成为新娘。可是我想，这不过是一个捏造出来的美梦罢了。为了实现这个捏造出来的梦，女性走进了由男性掌控的电车中，疾驰在不知何人铺设的铁轨上，最终抵达了终点——结婚站。（H·M）

"帮助王子的公主"

从过去起我就不大喜欢公主做主角的故事。当然也有例外。但公主总是受到他人帮助，然后就轻而易举地跟随对方走了。我总觉得，应该出现一些出手帮助王子的公主才好。或者说，凭自己明白了人生的道理，理解了苦难的意义，于是愿意和男性并肩前行的

女性——这才是我心目中理想的女主角。（T·R）

"是没有什么别的活法了吗？"

如果是在过去父权制的状态下，那让男性身居优位，让女性去追随男性的这种生活方式似乎会被认作是理所当然的。然而，在当今，性别学如此发达的时代下，这样的思想无疑会遭到批判。倘若"只有等到自己的丈夫出现，女性的人生才真正起步"的话，那真正的人生究竟是什么呢？

的确，如果是小女孩，可能会做一些和王子相遇的梦，并且会去等待。可是，王子其实也在等待公主的出现。只要是人类，不分男女，都在梦想着异性的出现。男女彼此平等地在社会中，一边摸索属于自己的人生，一边努力生活。为了生存下去，人们互相联结，找到属于自己的配偶。首先，人生并不是非要找配偶不可。这世界上有的是独自昂首挺胸生活着的人。"结婚并不意味着全部"的时代已经来了。我认为，睡美人的活法，其实就是一种性别角色分工的结果。而摈弃这种生活方式，才是我们当下最该去做的。（O·A）

"自己的幸福"

如果从小时候起就一直在听这种故事（"王子会来迎接我们"），女孩们自然会进入一种等待的状态中，深信王子一定会出现。

如果没能得到学习性别学的机会，我想我应该也会变成彻底被动地等待被男性喜欢上的那种女性吧。然而，如今我已经不相信这种想法了。和帅气又多金的男性结婚＝女人的幸福，和好男人结婚＝人生的开端——这种想法完全是错的。当下的离婚率也一直在飞速上升。选择自己喜欢的工作，不靠结婚，而是靠自己的力量去生活，这才是人生真正的幸福，不是吗？

以上的这些观后感，我一笔未改，全部原文收录。我觉得每一篇都写得很好。我甚至在想，为什么我就写不出如此真实的文字呢？

看得出，通过对《睡美人》这部动画的分析，学生们对教育、共同观念、压抑、性、结婚的政治学、沉睡、等待的表征意义、新型的男女关系、自我的人生蓝图、男性的决心，以及对我们自身来说，什么是真正的幸福等问题，都展开了认真的思考。

正如我在前文提到的，拿童话主题的动画做教材，目的是发掘女性的内在，促使她们去思考自己的人生。这也可以被视作一个契机，也就是性别学的初级课程。将我们从束缚内心的各种性别观念中解放出来，从意识的层面评判它，这样也有助于进一步参与专业课程和实践。

　　重要的是，让学生自己去思考。不要强制她们，不要压抑她们，这样才能听到真实的想法。在听到她们的想法后，再延伸其可能性，让她们向下一层级迈进。授课过程中，也有一些没有再来听后面课程内容的学生。但我认为，她们是绝对不会忘记这门课的。在她们的一生中，一定会有某个时期想起这些内容，而这些内容，也一定会起到作用的。我深信这一点。

第六章

《情话童真》

没有地图的旅行

在观看各种各样公主主题的动画电影，倾听对于它们的批评和批判的时候，某一次课前一名学生走到我身边，表情严肃地说："老师，请您想想办法吧，大家现在都很不知所措。之前一直深信的东西好像都崩塌了，我们都好慌张啊。"嗯，必须得想想办法了，于是我提议，大家一起看看《情话童真》（*Ever After*）吧。

学生们虽然可能是无意识说出了这样的话，但受公主故事影响的年轻女性的人生蓝图，都是如此虚无缥缈。很多学生对自己的人生规划都只到 25 岁就结束了。大学毕业，进公司工作，找到一个好丈夫，和他结婚，拥有家庭，然后可能还要有孩子。这个设计基本也就只到 25 岁，那之后就变成走一步看一步了。她们人生的地图是一片空白，没有做任何计划。非要说的话，唯一的计划就是"结婚"。后面会怎么样，根本没想过。要说充满梦想，那确实没有比这更有"梦想"的了。因为有可能飞上枝头变凤凰啊。但是，这些既无法被预测，也无法被计划。毕竟"女孩的人生充满梦想"。换种说法就是：女性的人生是"没有地图的旅行"。再没有比这更危险的了。

某个学生在文章中这样写道：

"我的人生，就是走我妈妈走过的老路。我妈妈也是这么说的。她很会做饭，擅长干家务。从短期大学毕业之后进了一流公司（×× 贸易公司）工作，22岁，和一名在一流企业工作的男性结婚。第二年生下长子，两年后又生了我。妈妈让我按照她那样去生活。我也相信妈妈的人生过得很成功。"

接下来，我的学生又在文章中表达了对母亲的尊敬和感谢，随后，她又表示苦恼："自己既没有信心能过上和妈妈相同的人生，又不清楚这样做的话，这人生还算不算是自己的了。"她感到别扭，觉得那只是母亲的人生，并不是自己的。然而，除了母亲的人生之外，又找不到什么其他的方案，那还是把被丈夫孩子围绕的"幸福家庭"当成自己的梦想，实现这个梦想的时间，就定在从现在起（20岁）之后的十年吧。她写道："我非常期待自己十年后的样子。"

说实话，我本人的成长经历和一般的女性并不太相同，所以被她最后一句"非常期待自己十年后的样子"震惊到了。这可以说是一种极度"客观中立"的表达。一般情况下，都是爷爷奶奶辈的亲戚，或者邻居才会说"您家的小姐出落得这么亭亭玉立，真让人期待呀"。想想看，一个只有20岁的年轻男性，会说"我很期待自己十年后的样子"吗？

这名男性会在经济低迷的时代感到不安，不知道自己能不能找到好工作吗？他会因为学业和职业的选择而感到迷茫吗？他会为"人生究竟如何去活"而感到苦恼吗？他会因为理想和现实错位，身处过去的梦想和冰冷的现实之间而感到幻灭，又重新振作，下定决心吗？当我回顾自己的20岁时，只记得那时候满心都是对未来的不安。我不知道该选择做画家还是研究美术史，因为，很明显，无论选择哪个方向，我都要苦读十年才能完成修行。

被这种事情吓到是无法胜任老师的。要是一味强调自己和学生的不同，总是说些"我是人生的成功者，照着我的做法去做"一类的话，我们就变成了和母亲相同的施压者。而且，大多数情况下，做艺术家或者做大学老师，都不过是社会上的少数派，所以我们的经验一般也给不了什么帮助。

不仅如此，如今早已不是泡沫经济时代。在这几十年间，社会、经济、世界、时代全都变了。就算在××贸易公司上班，和那儿的职员结了婚，也不意味着就得到了能够保障一生的"幸福"。一旦遭遇裁员，"幸福"就没了。如果得了癌症，受了工伤导致死亡，那更是"跌进不幸的谷底"了。就算和当时向泡沫经济时代迈进的母亲一样，选择了相同的人生模式，女儿也不见得就能获得"幸福"的保障。而且最重要的是：如果女儿喜欢的不是××贸易公司的男性，那么这个母亲和女儿之间就会爆发一场可怕的冲突。女儿会问"钱比爱重要吗？"，那就"为了钱"结婚吧。可是，此后如果因为经济状况不好，没有钱了，那我们又是为了什么，才选择了一段没有爱的婚姻呢？

在这样一个时代里，追求一种无论发生什么都不会变化的价值，应该比追求可能会变化的价值更有必要，不是吗？自然，不同的人有不同的选择。而追求价值，就是生活的目的，也是生活的力量。赋予学生生活的目的和力量，正是大学教育的终极目的。这说法乍听上去似乎极具哲学性，但我并不这么认为。

还有一名学生在和我聊到未来时说："我想做个手艺人。"欸？我当时有些吃惊。对一个家庭和成绩都不错、长得又很漂亮的女学生来说，进入一流企业做女白领才是"常识"。但是，这种女白领的结局，大多是结婚后在企业的要求下离职，这一点毋庸置疑。

然而，比起负责事务性工作的岗位，如今的企业更需要能胜任综合岗位的人才，并且也希望女性觉悟高、工作努力。当然，大学也应该转变教学思路，要着重教育在读的女学生去主动思考如何构建自己的人生，思考为做到这一点应该学习些什么。

毕竟，在接下来的时代里，相信 20 岁到 30 岁的这十年间会发生"奇迹"，而且这奇迹会改变她们的人生，决定她们此后的一生，于是就把这一段人生全部按"空白"处理——这样的做法是绝不可能让她们得到幸福的。年过三十，不再是职场上的"鲜花"，理想的男性也不再可能出现，到这时，就算察觉到不能再这么下去，于是急匆匆开始修正轨道，她们也会因为和一开始计划、准备的不同而受苦。在她们的人生中，就算结婚、育儿的任务结束，我依然希望她们能拥有一个值得一生去坚持的一技之长——可以说，前文中的那个女生，是为自己的人生切实规划出了一幅蓝图。

在年轻女性努力美化自己的身体、做着梦的时候，年轻男性们正在经历恶战苦斗，拼命努力成为一个能"养活得了妻子儿女"的独立男性。如果想得到一个"美丽的妻子"，收入就是条件之一。在公主故事中，公主在等待，王子在战斗，这正是对男女青春时期的性别角色分工的明确表现。被公主故事洗脑的可不只是女性。正如学生们写的那样，其实男性们也被这种故事洗脑。学生们非常巧妙地指出，男性会追求身穿粉色礼裙、无比柔弱、公主一般的女性，所以女性也会为了更受男性欢迎，拼命勉强自己去"变身"。

如此想来，这些细节虽然看似不过是大众文化，但实际上也正因为是大众文化，公主故事的广泛流行，才成为实现男女共同参与社会的最大障碍。为什么公主故事会如此大量地被生产出来，被人们消费呢？正如本书开篇所说，那是因为处于社会和家庭中坚位置的必然是男性，女性则只是辅助的角色。女性存在的理由主要是"性"的工作——由"性"本身、生产、育儿等父权制社会的共同观念决定。所以，维持这类制度和习惯便始终是一种理想、一种美德——这种来自男性的、看不见的力量是非常强大的。这个社会的教育、文化，也正是基于这种力量被创造出来的。

此外，无须再重复的一点是，如果一类观念被顺利实施之后，社会和国家中的所有人都感到幸福和满足的话，那一切就没什么必要改变。那么，我们为什么想要改变呢？因为迄今为止，女性过得根本不幸福。

后文还会谈及一件事，那就是无论在我自己发起的问卷调查中，还是在厚生劳动省女性局发起的统计调查中，所有女性的理想都是活跃在社会中，同时拥有幸福的家庭。然而，想要实现这一点却前路多艰。实际去听听"兼顾工作和家庭"的女性的人生经验就能明白这一点了（有钱的人除外，能雇佣得起奶妈或者帮工的阶级并不能代表这个社会）。一句话总结：

她们的整个人生就是一场大型的障碍赛跑。

首先，会有双亲的反对、丈夫的反对、公婆的反对、家人的阻挠。就算没人反对，她们还要看护老人、养育子女，孩子会生病、家人会生病、孩子要考试。她们还可能会面对不良的行为，企业的歧视，优待男性的偏好，以男性为基准的工作体系、工资体系，性骚扰，上司和同事的霸凌以及蔑视。无论在社会还是家庭，于私于公的各个领域中，去工作对男性都更有利，女性却会越来越"不利"，或者说，会越来越"行不通"。我本人有孩子，并且也在工作着，以上的一切都符合我的境遇。即便如此，电视上却能看到有女律师、女检察官和女医生超级活跃的内容！这就是一个彻头彻尾的谎言。虽然在演艺界，女艺人、女艺术家备受赞誉，甚至还有女部长，可这些人无法为学生们带去希望。

精英女性无论表现得多么闪耀夺目，都照不亮普通女性的明天。因为那样只能"强调普通女性命不好，能力太差"，从而导致她们的自我评价变低，压力变得更大。让所有的普通女性都能闪耀光辉，这是很重要的。我们的社会必须能让所有人都相信自己有能力做到才行。女性也应该拥有一个值得贯彻一生的人生目标，在社会中切实地拥有一个可以让自己活跃的环境。我们的社会要赋予女性平等的机会，为此，我们的家庭和学校，都该如此去教育下一代。

否则，女性会认为寻找到贯彻一生的工作，要比找到"王子"还难，或者二者一样难，如此一来，女性将会放弃去寻找前者。最开始，她们生来没有得到公主的身份，于是就此放弃。接下来，她们又会放弃在社会上找到一个切实的立足之地，选择结婚。结婚既可以实现梦想，同时也可能是梦想的火葬场。进入21世纪，新时代的故事应该强调：结婚的真谛是浪漫，结婚不是为了保证不饿肚子，而是为了爱。活下去的手段，应该由女性握在自己手里。从男性的视角看，结婚并不是雇了一个满足性需求的用人，而是出于爱。结婚，是在职场上可以独立的女性，和在生活中可以独立的男性，因为爱而走到一起的结果。

这样一来，两个人的人生中发生任何事，都不至于让他们的整个人生破灭。男性失去职业、失去健康、失去生命，或者离开家庭，女性作为另一半，都可以支撑起家庭，生活下去。如果男性能为老去的妻子做饭，能照顾失去母亲的子女，那么无论女性发生什么，整个家庭都不至于走向毁灭。没有必要让男性独自承担重负。捆绑男性，束缚自由，这也不是女性的人生。女性可以扶持男性，丈夫可以扶持妻子，在人生之路上走下去。只要有爱，人生就是美好的。

身背王子的灰姑娘

从某种意义上说，学生的公主梦破碎，感觉已有的认知崩塌，这其实正是我这门课想要达到的目的。

首先要做的，就是将这些从中世纪起流传至今的"印记"清理干净。否则，21世纪女性的生活能力就无法建构起来。学生们其实一直以来都非常相信，王子总有一天会出现，然后自己的人生就会迎来重大的转折。但事实自然并非如此。王子可能会来，也可能不来。就算来了，真正和自己共度一生的可能也不是王子。而且，那王子究竟是真正的王子还是叫花子，也不好说，一切全凭偶然相遇。重要的是，自己的人生只有一次，所以不要把人生托付到偶然和等待上，要自己认真去描绘幸福生活的蓝图才行。

不过，也不能让学生们太过慌张，所以，我按照预想的那样，给学生们放了最后一部电影。那就是充分浸透了性别理论，于1998年上映的美国电影《情话童真》。这部电影改编自《灰姑娘》，在当时十分叫座。导演是安迪·坦纳特，主演是出演《霹雳娇娃》的德鲁·巴里摩尔，饰演继母的是曾出演《亚当斯一家》、最适合扮演女巫的安杰丽卡·休斯顿。（《亚当斯一家》真的是一部让人欢笑连连的电影。）

虽然《情话童真》在众多著名的女性主义者之间没有引发太多讨论，但实际上，八九十年代，美国推出了很多讨论击垮旧有性别模式、构想新的男女关系的优秀电影，也取得了相当好的票房成绩。从这些方面来看，美国的确是发达国家。可以让人重新审视男女性别角色分工的电影有：达斯汀·霍夫曼主演的《克莱默夫妇》（1979），这部电影非常优秀；朱迪·福斯特主演的《暴劫梨花》（1988），内容彻底揭开了性暴力的真相；贝特·米德勒、黛安·基顿、歌蒂·韩主演的《前妻俱乐部》（1996），该作品讲述了结婚的真相，以及主妇人生再出发的故事。此外，还有描述不停整容、拼命追求年轻美貌、内心扭曲的女性的悲剧《飞越长生》(1992)。在观看这些电影时,我们时而欢笑,时而哭泣。同时我们也会开始思考:应该改变现状,应该还有其他的生活方式、其他模样的爱才对。

一部优秀的电影,我们可以从其根源窥见作者想要传达的那种人道主义的、社会性的讯息。这些讯息会通过人心的纠葛表现出来,传递出来,所以如果想要将新的思想、新的世界观传达给年轻的学生们,这类电影就是最合适的教材。遗憾的是,电影评论家和网上的一些评论家,都没有把这种"性别电影"和美国的性别动向联系起来。不过,这并不妨碍在授课过程中把此类电影放给学生们看,并和大家展开讨论。

在《情话童真》中,某王国拥有皇室血统的老贵妇将格林兄弟找来,告诉他们"你们写的灰姑娘的故事是错的"。整个故事就此开始。灰姑娘其实是16世纪法国贵族的某支旁系的女儿,这个故事里没有女巫,也没有南瓜车,更没有变成侍从的老鼠。这个女孩名叫丹妮尔。而水晶鞋是存在的。不过,这位老妇人展示的水晶鞋是一双没有后跟的拖鞋。也就是说,无关脚的大小,这双鞋谁都能穿。这可以说是这部电影中很有趣的一个点。

不知道在做什么生意的富裕父亲，在和一个有贵族血统的女人结婚后立刻去世了。一家人靠变卖家产度日，眼看就要揭不开锅了。丹妮尔和衰老的仆人一起，终日在农园劳作，赚取一家的口粮。在这里，她们打倒了一个骑马踩乱庄稼的年轻人，这个年轻人就是王子。他们二人在舞会上初次见面，但是王子没有被灰姑娘的美貌和盛装华服迷倒，而是爱上了丹妮尔沾满污渍的破衣服、蹭了泥污的脸和很强的臂力。而且，他一直觉得丹妮尔就是女佣、农妇。重要的是，他们二人互相爱慕了很长时间，阶级和身份都不是问题。也就是说，"女性气质"也完全没有被王子考虑进去。

当时，法国正向美国输送大量农民，并让他们迁居开拓"殖民地"。作为迟交税金的惩罚，丹妮尔家年老的仆人就要被送往美国。为了向官员投诉此事，丹妮尔穿上自己死去母亲的衣服，报出她贵族的名字。结果她在这样的状态下遇到了王子，就以伪装的贵族的名字开始和王子交往。

丹妮尔最爱读书。她能背下死去父亲留下的那本托马斯·莫尔的《乌托邦》。而王子因为不愿成为国王，整日过着自甘堕落的生活。她鼓励王子,要善用王权,把国家建造成一个理想的国度。王子被丹妮尔的博学睿智打动,突然对学术振兴(建设大学)产生了兴趣。国王因此高兴极了。丹妮尔还有一个长项——剑术,这也是她的父亲生前教给她的。她的剑法胜过了大多数敌人。

在我心中,这部电影的精华,就是凶暴的山贼袭击了正在约会的二人的桥段。他们二人被绑了起来,可能是因为需要赎金,或者因为是男性,王子得被杀死,所以他暂且被留在了山贼手中。山贼发了仁义之心,对丹妮尔说"反正女人也没什么用,拿上你需要的东西,快走吧"。于是,丹妮尔竟然"轻轻松松"将王子扛在肩上扬长而去。看到这一幕,山贼们不由得哄堂大笑。有意思的是,被扛在肩上的王子也是一脸开心地对他们挥手告别。

也就是说,在这部影片中,是女性救了男性。更加精彩的是,一个一直垂涎丹妮尔的有钱人绑架了丹妮尔并把她监禁在城内,当作借钱给她继母的交换条件。正当他试图侵犯丹妮尔时,丹妮尔拔出长剑将他击倒在地,靠自己的能力冲出了城池。这边,王子为救出丹妮尔率领大军赶了过来，丹妮尔反倒一脸莫名地问："怎么了？"男性英雄救出了柔弱的女性——这数千年的性别角色分工，在这段情节中毫无作用。她靠自己保护了自己，既没有成为男性的牺牲品，也没有遭到强奸，呜咽啜泣，更没有留在原地等待男性赶来拯救自己，因为丹妮尔平时一直在劳动，臂力不错，又极擅剑术。这实在是太帅气了！

最终，丹妮尔伪造身份的事情被发现，又遭到继母诽谤，她与王子之间产生了不少误会和冲突。但丹妮尔深爱着王子，王子也深爱着丹妮尔（"虽然"她很强大、聪明且有涵养）。所以二人结婚了。而撒了弥天大谎的继母和她的女儿则成了劳动者，去做了洗衣女工。

在这部电影里，反倒是继母的女儿更加美丽，身段也更婀娜。她还会利用服装、首饰、眼神等手段去诱惑男性。而将这些手段逐一传授给她的，自然是她貌美且很有手段的母亲。在某一时期，王子差点和继母的女儿结了婚。她这样的性感女人似乎是非常吸引男性的，但在女性看来却很差劲。就像一些性感的男人可能很受女性欢迎，但在同性看来就有些反胃一样。

不过，王子聪明地选择了既不瘦弱也不谄媚的丹妮尔，真是可喜可贺。从此以后，二人就这样幸福地生活在了一起。

看过这部片子之后我问学生们：大家有没有觉得心里爽快了呀？学识渊博，在田间果园劳作，擅长击剑，又有改变社会的愿望，爱泡图书馆的灰姑娘太过精英，似乎很难对她产生什么无条件的感动。可能也只有我是一边大笑，一边心情愉悦地观赏这部影片的吧。不过，很多在观后感里写到"确实，靠自己创造的人生，才是真正幸福的人生"的学生，都认同丹妮尔是一个能够自立自强生活的人，她也是包含仆人在内的一切弱者的伙伴，她为人诚实，又能够在劳动中创造价值。最重要的是，就算她没有改变自己的身体，没有对男性献媚，没有掩饰自己真实的模样，也仍旧得到了王子的爱，她本身也一样拥有爱的能力。这个故事告诉我们：活出自己的样子和得到幸福，这两者并不矛盾。这也正是我们所有人追求的。

男性这边也是一样，要拥有足够的智慧，不要仅靠女性的外貌显现出来的性价值去评判，而要综合地、按照一个具体的人的价值去评判。否则，女性将永远对她们自身的存在和被爱这两点心怀矛盾，感到分裂。因为她们会觉得"独立"和"获得幸福"是矛盾的。结果，她们最终或多或少会在漫长的人生中成为男性的负担，成为一个完全依靠他人力量去生活的女性，又或者因为追求自由，所以选择一生不婚不育。

实际上，假设王子没有和丹妮尔结婚，她也一定会全身心投入农园耕作和经营，让家中所有成员（包括仆人在内）都生活得很好。在电影中，当她继母的女儿可能会和王子结婚时，丹妮尔为了保障剩下的家庭成员和仆人们的生活，投入到了农园的经营中。就算深爱的男性要和其他女性结婚，她也不会自杀、发疯、饿死自己。这是因为，她有足够的承受能力去消化这件事。

人生不可能从始至终都是幸运的。所以，拥有活下去的力量才那么重要。而且，不只是对男性重要，对女性也是一样。相比之下，一天到晚都在打理自己仪容的继母和姐姐，是那么厌恶劳动、穷奢极欲，所以她们只能想办法钓到某个男人，靠寄生于这个男人生活，又或者，靠寄生于丹妮尔生活。对一个家庭来说，没法独立的女性最终将成为不幸的根源，丧失了美貌和青春的漫长人生，就只能一直靠寄生生活。在这样的生活里，她们同样也是不幸福的。

这部电影女性会看得很过瘾，对男性来说也一样不坏。我认为，拥有一个聪慧、强壮、健康的伴侣，这一定是更幸福的。在治理国家方面，丹妮尔的智慧和力量一定能起到作用。就算无须治理国家，支撑（包括子女在内的）整个家庭，在这个不透明的社会中生存下去，这对现代家庭来说，也确实是一桩大事。

性别教育的成果，以及从今以后的女子教育

三年前，我第一次以外聘讲师的身份来到女子大学的时候，为了解初次见面的学生们有什么想法，我发给她们一份名为"我的人生计划"的调查表。当时这门课只有五个学生，她们都是刚刚高中毕业的新生，对性别用语一无所知。当时我任教的这个专业，把性别学安排成一年级学生的必修课，这一点在关东也是比较罕见的。不过，我的性别文化论并不算必修。虽

然来上课的人很少，但当时的那份调查表在此后成为这所大学性别文化论课程讲义的架构根基。

我希望通过这份调查表了解学生们未来的计划。是想要工作，还是想结婚，或是希望能两者兼有？以及，以十年为一阶段的人生计划。我的朋友们在进行性别理论的授课时也会发放这种调查表。了解女性有什么样的理想，说得再明确些，希望女性能够拥有什么样的理想，这对学习独立女性的生活方式来说是非常必要的。而大学教育的终极目的，就是为实现这一理想尽一份力。

我认为，大学是协助社会将未成年人培育成社会人的机构，而且，它还要赋予学生们生活的能力。大学不只是要狭义地帮助学生掌握一些职业技能，让她们学习技术，获得执照和资格，还要让她们作为一个独立的人去获得属于自己的理想，知道自己要如何活，如何选择属于自己的人生道路。只有这样，她们才能看到那条毕生追寻也绝不后悔的道路。

社会上大多数人对女子大学的学生有先入为主的偏见，认为女子大学的学生一开始就决定以后要嫁人，大学只不过是个缓冲。但这种想法如今早已被时代抛弃。持有那种观念的女子大学迟早再也无法招来学生。眼下，乃至今后，经济持续下行，少子化也在加速。从个人的角度看，即便是女性，未来也仍要看护双亲，扛起照顾一大家子的责任；而从公共的角度看，社会也需要优秀的劳动力。因此，我们最首要的任务，就是改变被动的、消极的生活方式，无论在学业上还是生活中，都必须拥有主观的意志、判断力和责任感。即便结了婚，也需要拥有无以替代的个人价值和一生要从事的工作。如此一来，无论结婚还是单身，无疑都能够在家庭和社会中起到作用。

说起来，当时所有的学生都在调查表上写了"应该会结婚""希望能结婚""同时也想工作""活跃在社会中，同时拥有幸福的家庭"，这就是女学生们的理想。然而，当被问到"实现计划的过程中有什么阻碍吗？这个阻碍是什么呢？"，某个学生写下的回答是"能力"，某个学生写下的回答是"金钱"。她们没有想过，甚至不知道，未来自己可能会因生而为女，就在求职期间遇到各种壁垒，不知道许多公司在制度和习惯方面对她们立起重重障碍。而在她们工作的过程中，还有需要克服的难题，那就是她们的家人，尤其是丈夫的协助和理解。在育儿方面，她们可能无法得到来自家庭、职场和社会的协助。对这些一年级新生来说，这些她们也还未察觉到。

等学生们开始学习性别劳动论或社会论时，她们就会慢慢理解这些问题了。然而，在回答调查表的"你觉得自己30岁、40岁、50岁的时候在做什么呢？"这一问题时，学生只写了"不知道，可能结婚了吧""每天忙着育儿吧"等猜想。但没有任何一个人回答"正在兼顾家庭和事业"。这恐怕是因为她们目睹了自己的家庭，看到了自己母亲的模样，于是做出了判断，认为自己肯定也和母亲一样被家务和育儿催逼，根本没机会工作吧。新生们已经18岁了，应该已经看得出理想和现实的不同了。

比较有意思的是，这个倾向其实和劳动省女性局所做的关于"职业女性的实情"的调查结果是一致的。在2000年3月4日公布的这份报告中，毕业于四年制大学的女性的就业率一开始是非常高的，但在30岁到34岁时跌到最低值。这通常被称为"M型曲线"或"长颈鹿型曲线"。根据这份报告，女性处于结婚、生子、育儿的30来岁时，她们的就业率会急速下降。

而等到她们在育儿方面告一段落，到了40来岁，就又迎来了再就业的希望，然而，就业率却没有上升。而且，该份报告还显示，在因结婚、生子、育儿等理由离职的女性中，大多数人其实仍想继续工作。当然，我们可以看出，虽然女性希望能继续工作，但于公于私都会遇到障碍，她们是出于无奈，才不得不离开职场。大学毕业的女性为了实现经济独立、找到生活的意义，所以心怀十分强烈的就业愿望。但是就业情况比以前更严酷了。

说起来，为什么大学毕业的女性无法持续工作下去呢？这份报告是这样分析的：不再继续工作的原因非常复杂，包括大学毕业时对工作方式的看法、是否找得到工作的意义、是否有更方便劳动的制度等劳动条件，以及是否有家人帮助，等等。而且，报告中还说："大学毕业时对工作方式的看法，会对实际的工作方式产生影响，毕业时继续就业的意愿，会支持此后的就业行动。""大学毕业的女性大多希望从事事务岗位或教育岗位，但是现在事务岗位的就业情况十分严峻。从目前产业结构的变化、信息化的进展、技术的革新等可以预想到，就业情况只会愈发严峻……如果大学毕业的女性对工作的看法没有转变，这就会导致她们希望应聘的岗位和招聘岗位之间的不匹配。"

也就是说，大多只是用作临时中转的事务岗位需求会变少，接下来情况会更加严峻。接着，该报告严肃指出："是否继续就业，这和学生在大学毕业时是否有继续就业的意愿息息相关。学校教育应趁早启发学生相关的意识，让她们去思考自己的适应性、能力和工作等问题。此外，适应性、能力和工作内容的吻合程度，都和工作的意义相关。所以，为了帮助学生们选择适合自己的职业，我们应该在指导未来道路的工作中，为她们提供信息和咨询。"

我对该报告提到的这一段要求基本没有异议。但重要的是，这类要求并不应该是为了求职而突然出现在咨询指导里的（虽然比不做强）。其实，只有通过性别教育——主要内容是关于职业女性的生活方式——我们才能学到最有用的知识。对 21 世纪的女性来说，性别教育就是她们"活下去的力量"。对从一开始到三四十岁的人生计划一片茫然的女性来说，她们没有继续就业的内在动机，也没有感到有何不妥，企业、政府、国家，都没有为结婚生子的女性提供合理的劳动环境。那么报告给出方针指示，提醒社会应该整顿劳动环境，使其更方便兼顾工作和家庭，也是理所当然。

废除雇佣年龄限制，实行弹性工作制和短时工作制，这些都非常重要。不过，只有对女性的工作、能力、成果给出恰当的评价和薪酬体系，实现（包含人事晋升在内）男女平等，才算是真正关注到了女性一方的工作愿望。可是，选定这些制度和方针政策，支配职场环境的，是一个个或同属一个集团的男性，所以无论制度完善到什么程度，对女性来说，难于上青天般的职场环境依然不会得到改善。

我曾遭到大学里某位上司的极端霸凌长达18年。因为是在公立大学，作为国家公务员，薪酬等方面都不存在男女歧视问题。让当时的我生不如死的并不是制度，也不是环境，而是一名男性对我的霸凌。或者说，是来自那一个人所支配的"男性集团"的霸凌。比如，这名男性会在发工资的那天对我说"你这家伙拿双份工资啊"。因为我的丈夫也在工作拿薪水，所以他认为我是独占了两份薪水。他还曾对我说"像你这种把小孩扔家里自己跑出来的妈，根本养不出什么成器的小孩"。

他议论孩子的这句话，我至今无法原谅。他很明白职场女性的致命伤，瞄准这一点打击我。不仅如此，重要信息他从不告诉我，绝不让我升职，绝不把重要的委员职位分给我，对高层屡屡讲我的坏话。总之，就是用尽了职场上排挤人的那一套手段。也就是说，这群男性中心主义者认为，"一个女的竟然在大学里待着"，这绝对不能忍。他们深信，只要去霸凌她，她就一定会选择辞职。如今他已辞职，这些事也已经是几十年前的事了，但同样的情形在很多地方都会发生，所以，我决定在这本书中揭发他。

不过，无论我多少次被人催着"赶快辞职"，那儿仍是我的母校。我早已决定要在经济和社会层面独立，要将研究和教育视作毕生的事业，所以绝不可能因为那种事就辞职不干。不过，也"多亏"了他，在那18年间，我逐渐成长为一名彻底的女性主义者。或许，我该"感谢"他吧。而我的孩子选择在作曲和设计方面深造,可能也符合了他认知里的"不成器"吧。总而言之，出生在一个男女平等的家庭，凡事得到不少恩惠的我，是因为这个男性，才体会到了社会上女性们尝到的地狱般的辛酸，了解到她们遭受了多少压迫和歧视。正是这些压迫和歧视让身在家庭和职场中的女性受苦，甚至导致她们深陷病痛。

所以，无论劳动条件多么优越，只要男性没有把女性当成一个独立的人去尊重，那么我们的社会，就永远无法实现男女共同参与。我离开母校后供职的那所大学，是完全通过研究的成绩来为研究员排序的，性别绝不会成为排序的因素。在得知自己明明是女性，却被选举为大学评议员的时候，我瞠目结舌。我可能也有点"灰姑娘化"（受虐综合征）了吧。又或者，是像上野千鹤子女士所说的"阿信化"[1]了吧。在那所大学中，男女就是一种伙伴关系，所以我非常幸福。

我想告诉那些认为男人比女人伟大，或者因为优越感而蔑视女性、把女性当成"外星人"的"大叔们"——如果你能改变想法，认为"女性也是人，和我一样"，那仅仅是一个观念的转变，就有可能拯救职场上、家庭中无数的女性。我希望男性不要说些"哎

---

1 阿信是20世纪80年代日本热门电视剧《阿信》的女主角，主要的特点是极度坚忍耐劳。上野千鹤子在其著作《女性主义40年》中呼吁"不要再做默默忍受的阿信了"。

呀呀，现在可是女人的天下了"之类的话。的确，迄今为止，社会一向是男人的天下。但是，我们并不是想让接下来的社会向反方向发展。我们只是希望迎来一个我们的性和他们的性同样不受歧视的时代，我想，这也正是一个"共生的时代"。

我准备在自己负责的性别文化论课程的四个阶段的教学中，将潜伏在文化中、束缚女性的各种性别结构解构。解构她们从小就非常熟悉的公主故事，是最初的学习，是第一扇大门。我要让学生们带着批判的态度去重读熟悉的故事，学着直面自己的内在，去思考、去批判。

此外，学习去批判大众媒体——它们在社会中大量被生产、被消费，使我们在不知不觉间陷入一些设定好的模式中，连意识也被改变了——掌握批判这些大众媒体的力量，这也是我这门课程的目的之一。漫画、电影、电视剧、电视广告、网站信息等如洪水般喷涌而来，将女性的身体和性商品化，破坏她们作为人的尊严。只要这些东西还在制造男女意识，那么性暴力、性犯罪、性骚扰等根本性的歧视女性的事实，就绝不会消失。因为，这种媒体认为女性处于性劣势，制造出一种社会性的、心理性的事实。能看清一切媒体的政治性，并具备批判能力，这是公民社会和拥有智慧的人不可或缺的知识。所以，其中一部分课程，我就是要从性别的角度去分析媒体。

我还会在课程中谈到女性的性存在问题。生下子女、成为母亲后，女性会听到什么样的话？这件事在现代社会中又有什么样的意义？"女性＝母亲"的刻板印象，它展现出的是被重复了几千年的历史，对具备生产属性的女性来说，要出于自身的愿望去计划人生，这些都将是她们需要的知识。

最后一个重点，就是性的商品化问题。我的方法论始终是从历史的角度出发的，也就是说，我会将跨越数千年的人类的卖春、买春史和社会状况讲述给学生们。只有知识才能解放女性。我会告诉她们，只有知识才能够教育我们客观地去观察事物，客观地去思考事物。道德规训是个人的问题，将那种东西带进课堂，将会抹杀、压抑学生们的思考能力。

今年，我还准备在课程中加入对服装史和化妆史的讲解。服装和化妆，正是架构起性别的代表领域。为什么男性穿裤子和西装？为什么女性穿裙子和高跟鞋？又是为什么，女性后来也开始穿裤子了呢？通过这些问题，我们能充分看出性别是如何从文化层面被架构起来的。与此同时，它也是服装史的授课内容，是关于流行和设计的授课内容。

让学生去吸收以上这些内容，再加上我刚才提到的劳动、家庭的社会性别论的内容，在授课过程中，她们会逐渐成熟，逐渐能够去选择自己的主题了。最重要的是，她们开始在"自己是女性"的这一前提下，思考自己的人生了。

之前在调查表上作答的一年级学生，如今已经升上了三年级。来年（自然）会进入大四。大家都成长为了富有自觉性的出色女性。此时此刻，她们是否能够实现自己的希望，还是未知数。不过，我真心希望大家在离开大学的时候，不是去随便找一个只是用来过渡的事务岗位，而是选择一个无论发生什么，都能够保持自己本来的模样，愿意用尽一生坚持做下去的职业。因为，只有靠自己实现的人生，才是我们最认可的幸福人生。

结语

公主啊，靠自己觉醒过来吧

　　学生们写下的观后感各有千秋，很难挑选。然而，在最后收尾时，我想选取其中的两句话作为总结。

　　那就是，如果王子没来，"就只能一直沉睡……这样做实在是太危险了"和"公主啊，靠自己觉醒过来吧"。

　　19世纪末，发起印度独立运动的宗教家斯瓦米·维韦卡南达，曾面向因长期的殖民统治而变得孱弱无力的印度国民，发行了《印度的觉醒》杂志。受其影响的冈仓天心[1]也面向因长期的封建政权统治而变得孱弱

1　冈仓天心（1863—1913），日本美术评论家、思想家，曾任东京美术学校校长。

无力的日本国民，写下了《日本的觉醒》一书。在冈仓的思想中，有"日本拥有国家主义精神，乃是亚洲的指导者"这么一个说法，我虽然不赞成他的这一观点，但是单说他提倡的"觉醒"这一点，我认为和学生所谓的"公主啊，靠自己觉醒过来吧"有异曲同工之妙。整个世界由男性统治、女性只能服从的性别结构存在了大约四千年。殖民统治和封建制不可与其类比，我们需要进行的改革是相当彻底的。

即便如此，人类也在切实地进步，全人类的平等和权利成为一切的大前提。我们教育者要拼尽全力让年轻女性觉醒，帮助她们拥有靠自己改变处境的意识和力量。

然而，仅靠这些是无法让她们觉醒的。如果围困城堡的荆棘太过坚固，凭借自身的力量无论如何都无法破除，那么她们就会消亡或再度陷入沉睡。从一开始就知道不可行的女性，会直接变成"沉睡的女性"，过完自己的一生。所以，应从教育和社会两方面出发，帮助创建一个男女共生的社会。

眼下，世间充斥着对女大学生的批判和蔑视。大众媒体一直在大肆宣传那些在电车内化妆、穿的衣服好似内衣、只在乎减肥和恋爱，甚至还要去援交[1]的"蠢女"。

更可怕的是，在那些供职于大学、比较权威的男性教师中，大多数人都认为自己班上的女大学生比自己要蠢笨，或者完全不通逻辑、无法沟通，他们把女学生们当成完全不同的人种。据说关西某大学的教师甚至在网络上给女学生起了个"外星人"的外号。

想要理解他人并不容易。所以"出色的"男性才很难理解女性，这是因为他们在很长一段时间里，都将女性视作"他者"。他们觉得自己才是理性的、正确的、正常的。然而，一切不过只是男性的理性、男性的正确、男性的正常。从出生的那一刻起，女性和男性就开始接受不同的教育，这两种性别背负着不同的期待被抚养长大。如此成人的女性，男性是不会理解的。

无论在家庭还是社会中，女性都被放在和男性完全不同的状况下，可是男性完全无视这种情况，他们

---

[1] 援助交际的简称，指未成年人为获得成年人包括金钱等的援助而与成年人约会交际，现多指性交易。

只是看到一些表征，就声称自己不能理解。自然，这种"不理解"的发言中，还带着直白的轻蔑。这就将女性赶进了谜一般的"集中营"中。我们的首要任务，就是先将女性从"集中营"中解放出来。教育她们独立，为她们创造能够养活自己的职场环境，让她们坐到有决策权的位置上。到那时，女性就将成为男性强有力的伙伴。"女人"的群体并不存在，那只是大众媒体制造的幻想而已。读过这本书后，大家也应该能够体会到，女大学生拥有多么优秀的判断力和智慧了吧？她们写得出很棒的文章，她们的思考锐利且个性十足。出现在这本书中的女大学生们，并不是那种能进东京大学、能做精英官僚的女性。然而，她们却是支撑着社会根基的大部分国民中的一分子。可以说，支撑日本未来的就是她们。她们身上，有着任何考试科目都无法衡量的睿智。

她们来到这个世界将近 20 年，在社会、学校、家庭对"女孩"的轻视下，她们靠自我培养，拥有了冷静的批判能力、自我怀疑能力和一个强大的自我。而这，就是睿智的三大原则。

然而，很多人其实并不能认识到"强大的自我"

这一原则，于是就会产生"搞不懂年轻女性都在想些什么"的言论，市面上甚至还开始贩售标题为《女人究竟在想什么？》的书。真是异想天开，荒唐无稽。正是因为女性被认定是愚蠢的、仅凭"性"而存在的，所以在遇见拥有强大自我的女性时，人们才会感到无法理解。

但我想，那些身处企业中的人恐怕是能够理解的吧？如果女性从日本的各种企业中消失，企业便将不复存在。如果那些在企业的底层和第一线切实、稳扎稳打地支撑其基础，始终如一努力劳动的女性全都消失了，那这个企业必将瞬间破产。然而，企业却用比男性更少的薪水去雇佣这些女性。这一点，在企业内工作的人想必都很清楚。在终端，也就是实际去接待客人的女性的人品和责任感，其实是会左右销售额的。我认为，她们所处的位置其实并不是"终端"，而是企业或行政的最前沿。

然而，她们却无法走进企业或行政的决策中枢。她们被当成随时可以被替换下来的棋子，被轻视、被残酷地驱使，不时还会被当成性骚扰对象。甚至因为以上原因，会在青春逝去时受到排挤，最终失去了希望，选择结婚。她们就好似一个个用过即弃的零部件。

就让我们认真思考一下日本的未来吧。人口减少在所难免。有谁能断言，年轻男性就一定比年轻女性更优秀、更有责任感？男性的判断力和意志一定更胜一筹吗？实际冲在工作一线的人中，往往会出现女性做得更好、更有责任感、更勤奋的情况，不是吗？我想，男性其实或多或少也能意识到，是人和人之间有差距，并不是性别和性别之间有差距，不是吗？一些男性是担忧"如果企业和行政的核心被女性夺走，该如何是好？"，他们为此感到不安和恐惧，所以才觉得有必要故意把女性刻画得蠢笨一些，不是吗？

然而，这样做才是真的愚蠢。人口减少的趋势已经如此明确，显然，只有将占国民半数的女性的身体、智慧和能量利用起来的国家或组织，才能在此后迎来繁荣昌盛。从个人的人生幸福来考虑这件事，也是一样明确。谁也无法预测企业的未来，谁都无法保证年轻男性、普通男性能够"扛起"自己的妻子孩子过一辈子。这对他们来说过于沉重了。妻子是可以贯彻自己的意志，出去工作，将人生的重负分担一半的。育儿和家务也是一样，自然是彼此分担才更幸福。比起一个单独的车轮，自然是一对车轮运行更加稳定。夫妻应该分担人生的重担，一起前行。实际实践了这一方式的国家或企业，比如挪威这样的国家，人口已经在增长，经济形势也极其良好。

我最近听到一些学校在指导学生时会说：学了性别学就很难就业，一旦表明自己学过，情况就会变得复杂，所以最好别提学过这回事。可是，我相信一个出色的企业是不可能做这种事的。对企业来说，只有那种任性、没有意志力也没有能力的女性才是包袱和累赘。努力工作、认真负责的女性越多，对这家企业就越有利。性别学，就是一门将女性塑造得更加自觉且真诚的学科，它并不会培养出胡乱自我主张的问题女性。

而且，其实那些一心追求出身不错、多金、身材高大又帅气的男性，希望对方可以保证自己奢侈生活的女性，才是普通男性的灾难吧？有公主情结的女性消失，对普通又稳重的男性来说才更幸福。而女性也有她们的诉求：

希望我的生活意义、个人意志、生活方式能够得到尊敬，希望我的伴侣能和我携手并肩在人生的路上走下去，不要只把我当作"性对象"，请把我当成一个独立的人去爱我。这就是女性最最真实的愿望。

性别教育，就是培养起支撑日本未来的女性的一套教育系统。世纪更迭，社会也发生巨变。丢掉古老的神话，去讲述新的故事吧！我们的未来，就在其中。

参考资料

ジェンダー学会编 :《ジェンダー学を学ぶ人のために》,
　　富士谷あつ子・伊藤公雄监修, 世界思想社, 2000
木村凉子 :《学校文化とジェンダー》, 劲草书房, 1999
小川真知子・森阳子 :《実践ジェンダー・フリー教育——
　　フェミニズムを学校に》, 明石书店, 1998
渡辺和子・金谷千慧子・女性学教育ネットワーク :《女
　　性学教育の挑戦——理论と実践》, 明石书店, 2000
若桑みどり :《女性画家列伝》(岩波新书), 岩波书店,
　　1985
若桑みどり :《象徴としての女性像——ジェンダー史か
　　ら见た家父长制社会における女性表象》, 筑摩书房,
　　2000
上野千鹤子 :《家父长制と资本制——マルクス主义フェ

ミニズムの地平》，岩波書店，1990

牟田和恵 :《新たな社会システムをめざして》，満田久
　義・青木康容編《社会学への誘い》，朝日新聞社，
　1999

エリッサ・メラメド :《白雪姫コンプレックス》，片岡
　しのぶ译，晶文社，1986

コレット・ダウリング :《シンデレラ・コンプレック
　ス——自立にとまどう女の告白》，木村治美译，三
　笠書房，1982

ナンシー・チョドロウ :《母親業の再生産——性差別の
　心理・社会的基盤》，大塚光子・大内菅子译，新曜社，
　1981

野口芳子 :《グリムのメルヒェン》，勁草書房，1994

石塚正英 :《〈白雪姫〉とフェティシュ信仰》，理想社，
　1995

マーク・エリオット :《闇の王子ディズニー》，古賀林
　幸译，草思社，1994

ジャック・ザイプス :《グリム兄弟——魔法の森から現
　代の世界へ》，鈴木晶译，筑摩書房，1991

片木智年 :《ペロー童話のヒロインたち》，せりか書房，
　1996

河合隼雄:《昔話の深層——ユング心理学とグリム童話》, 講談社 +α 文庫, 1994

テオドル・ザイフェルト:《おとぎ話にみる死と再生——〈白雪姫〉の深層》, 入江良平译, 新曜社, 1989

マドンナ・コルベンシュラーグ:《眠れる森の美女にさよならのキスを——メルヘンと女性の社会神話》, 野口啓子・野田隆・橋本美和子译, 柏書房, 1996

エリザベート・バダンテール:《母性という神話》(ちくま学芸文庫), 鈴木晶译, 筑摩書房, 1998

リュス・イリガライ:《ひとつではない女の性》, 棚沢直子译, 勁草書房, 1987

リタ・フリードマン:《美しさという神話》, 常田景子译, 新宿書房, 1994

ブラム・ダイクストラ:《倒錯の偶像——世紀末幻想としての女性悪》, 富士川義之译, パピルス, 1994

マリオ・プラーツ:《肉体と死と悪魔》, 倉智恒夫译, 国書刊行会, 1986

メアリ・デイリー:《教会と第二の性》, 岩田澄江译, 未来社, 1981

アンジェラ・カーター:《シンデレラあるいは母親の霊魂》, 富士川義之・兼武道子译, 筑摩書房, 2000

シモーヌ・ド・ボーヴォワール：《第二の性》（新潮文庫），
　《第二の性》を原文で読み直す会译，新潮社，2001
ブルーノ・ベッテルハイム：《昔話の魔力》，波多野完
　治・乾侑美子译，評論社，1978

致 谢

　　在很长一段时间里，我一直负责美术史的课程。而如今，书写和教授性别文化已经成了我最重要的工作。有幸，筑摩书房的土器屋泰子女士对我的研究产生了共鸣。抱歉的是，我交稿的时间比约定好的时间推迟了很多，多亏她的激励，本书才得以完稿。此前，土器屋女士也负责了《战争创造的女性像》和《皇后的肖像》两本书，这本书则是她负责的第三本，我对她的感谢之情真的难以言表。

　　2001 年我在罗马的时候开始构思这本书。有了想法后，我立刻和千叶大学的山崎明子女士联系，请她帮我收集了很多已出版的参考文献，并不时咨询她的意见。山崎女士在千叶大学就读博士，专业方向是性别文化，育有两个女儿。此后，她也不断为我提供大量的参考文献，可以说，本书的基础部分正是由山崎女士收集的资料积累而成的。在此，我由衷地对她表示感谢。

此外，本书最大的协助者，就是川村学园女子大学的学生们。可以说，是她们和我一起写下了这本书。能在大学为这样一群学生教授性别相关的内容，真的非常感激。

谢谢大家！

2002 年 12 月 30 日

若桑绿

明室
Lucida

照亮阅读的人

主　　编　陈希颖
副 主 编　赵　磊
策划编辑　陈希颖
特约编辑　王佳丽
营销编辑　崔晓敏　张晓恒　刘鼎钰
设计总监　山　川
装帧设计　之淇 @ 山川制本 workshop
责任印制　耿云龙
内文制作　丝　工

版权咨询、商务合作：contact@lucidabooks.com

上海光之室文化传播有限公司　　Shanghai Lucidabooks Co., Ltd.

图书在版编目（CIP）数据

扔掉水晶鞋：从动画开始的性别学 /（日）若桑绿
著；董纾含译 . -- 北京：北京联合出版公司，2025.
3（2025.4 重印）. -- ISBN 978-7-5596-8158-4

Ⅰ . C913.14

中国国家版本馆 CIP 数据核字第 2024XZ6548 号

OHIMESAMA TO GENDER by Midori Wakakuwa
Copyright © WAKAKUWA Fiori, 2003
All rights reserved.
Original Japanese edition published by Chikumashobo Ltd.
Simplified Chinese translation copyright © 2025
by Shanghai Lucidabooks Co., Ltd.
This Simplified Chinese edition published by arrangement with
Chikumashobo Ltd., Tokyo, through Bardon Chinese Media Agency

扔掉水晶鞋：从动画开始的性别学

作　者：[日] 若桑绿
译　者：董纾含
出 品 人：赵红仕
策划机构：明　室
策划编辑：陈希颖
特约编辑：王佳丽
责任编辑：管　文
装帧设计：之淇 @ 山川制本 workshop

北京联合出版公司出版
（北京市西城区德外大街 83 号楼 9 层　　100088）
北京联合天畅文化传播公司发行
北京市十月印刷有限公司印刷　新华书店经销
字数 103 千字　787 毫米 ×1092 毫米　1/32　7 印张
2025 年 3 月第 1 版　2025 年 4 月第 2 次印刷
ISBN 978-7-5596-8158-4
定价：55.00 元